잘 사는 사람들의
남다른 생각

" 잘 사는
사람들의
남다른 생각 **"**

이태선 지음

창작시대사

다시 시작하라, 또 다른 길이 있다

아테네의 시인이자 정치인인 솔론은 이렇게 말했다.

"만족함을 아는 사람은 진정한 부자이고 탐욕스러운 자는 진실로 가난한 사람이다."

진정으로 잘 산다는 것은 무엇일까?

물질적인 풍요로움으로 '잘사는' 삶이 아닌, 가치와 의미를 생각하는 '잘 사는' 삶이 진정한 부자이다.

우리는 조그마한 시련에도 쉽게 낙담하고 끝[.]을 생각한다. 하나의 시련이, 하나의 절망이, 하나의 실패가 곧 인생의 끝이라고 생각해 버리는 것이다. 그리하여 모든 이들에게 평등한 세상을 원망하고, 죄 없는 주위 사람들을 미워하고, 구만리 같은 자신의 인생을 호되게 질책한다. 그러나 시련에 대하여 너무 놀라지 말아야 한다. 시련

이 닥치면 세상에서 자신만 불행하고 자신만 고통스럽다고 절망에
빠지지 말아야 한다. 세상 사람 모두는 소설책 몇 권 쓸 분량의 아픔
과 사연은 가지고 있고, 또 자신의 인생 이야기를 하면서 손수건을
적시지 않는 이도 없다는 사실을 기억해야 한다.

어느 인생에든 마침표[.]는 존재하지 않는다. 하늘이 무너져 내리
는 시련 속에서도 그것은 존재하지 않으며, 만약 존재한다면 스스로
가 찍었을 뿐이다. 따라서 우리 인생에 대하여 쉼표는 찍을 수 있으
되, 마침표를 찍을 수는 없다. 새 출발을 위한 목적에서 잠시 쉴 수는
있어도 스스로 멈출 수 없는 것이 우리의 인생이다. 세상을 살아가
다 보면 마침표를 찍고 싶은 순간이 수없이 다가올 것이다. 아무리
참고 버텨 보려고 해도 마침표를 찍지 않으면 안 될 상황이 닥칠 때
도 있을 것이다. 그때는 마침표 대신 쉼표[다시 시작해야 한다. 또 다
른 길이 있다.]를 찍어 두었다가 새 출발을 하는 계기로 삼아야 한다.
태풍은 잠시 피해야 하듯이, 인생에 시련이 닥칠 때는 무모하게 덤
벼들지 말고 잠시 쉼을 택해야 한다. 모든 시련은 태풍과 같이 일시
적이어서 잠시 쉬고 있으면 새로운 길이 반드시 나타난다.

시련이 닥치면 경솔하게 끝을 생각하지 말아야 한다. 인생에서 끝
은 목숨이 끊기지 않는 한 결코 없다. 모든 일의 끝은 새로운 시작을
의미할 뿐이며, 벼랑 끝은 새로운 세상으로 건너가는 과정일 뿐이다.
모든 사람의 영광은 시련이 없어서가 아니라 그 시련을 극복해 냈기
때문임을 깨달아야 한다.

이 책은 잘 사는 인생을 살아나가는 데 도움이 될 만한 알찬 지혜들을 찾아 담은 것이다. 숨을 쉬고 있는 동안은 끊임없이 살아야 하는 인생행로에 가치 있는 것은 무엇이고, 우리에게 필요한 언행은 어떤 것인지를 나름대로 채택한 것이다. 그래서 우리 삶과 동떨어진 외국의 우화보다는 자신의 이야기라고 무릎을 칠 만큼 내 주변에서 일어나고 있는 실화나 예화를 통해 독자들께 친근감을 주도록 엮어 보았다.

이 책을 읽는 모든 이들이 이 책의 모든 구절에 감명을 받으리라는 기대는 하지 않는다. 단 한 사람이라도, 단 한 구절이라도 감명을 주어 자신의 인생에 스스로 마침표를 찍지 않고, 현실의 삶에 감사하며 만족할 수 있는 지혜로움을 깨달을 수 있다면 바로 그것이 글쓴이로서의 가장 큰 보람이다.

글재주나 뽐내기 위해서 끄적인 글이 아님을, 모든 독자가 함께 호흡하고 공감할 수 있는 진실의 글을 쓰고자 노력하였음을 헤아려 주기 바란다.

이 한 권의 책이 끊임없이 전진하는 삶에 조그마한 등불이 되어 주었으면 하는 바람이다.

이태선

목차

Chapter 1

나를 찾는 지혜, 거듭 태어나기

Chapter 2

남보다 앞서는 비결, 삶에 대한 확신

Chapter 3

지혜로 사는 세상, 가치있는 깨달음

Chapter 4

자유로운 삶의 선택, 최고의 능력

Chapter 5

세상 사는 기술, 세상을 보는 또 하나의 지혜

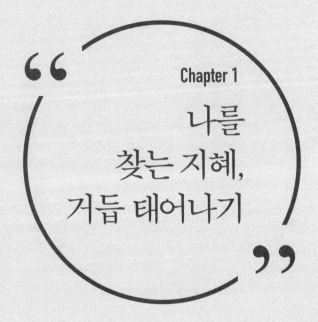

Chapter 1

나를
찾는 지혜,
거듭 태어나기

누군가가 바라보는 사람이 되기보다는 내가 원하는 사람이 된다. 자신을 볼 줄 알아
야 세상 보는 눈도 트이게 된다. 나를 발견함으로써 내 삶의 가치를 발견할 수 있고,
가치를 발견함으로써 옳은 길을 찾을 수 있다. 그리고 옳은 길을 찾음으로써 참된
인생을 살아갈 수 있다.

갖고 싶지 않은 것, 자기에게 불필요한 것들을
갖고자 하지 않는 사람은 그런대로 충분한 만족을 맛볼 수 있다.
그러나 백배나 많은 재산을 가지고 있으면서도
욕심을 다 채우지 못하는 자는 몹시 불행한 인간이다.

쇼펜하우어

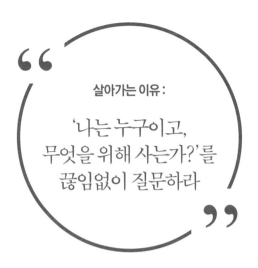

살아가는 이유:

**'나는 누구이고,
무엇을 위해 사는가?'를
끊임없이 질문하라**

우리의 생존 목적은 존재 자체에 있는 것이 아니라 얼마나 가치있고 행복하게 존재하느냐에 있다. 하루를 밥 세 끼 먹는 것으로 만족해하는 삶은 목적에 의한 삶이 아니라 생명을 이어가기 위한 본능적 행위일 뿐이다.

수많은 개미가 줄에서 이탈되지 않고 걸어가고 있었다. 어디를 가는지는 몰라도 끊임없이 줄을 지어서 가고 있었다.

그 모습을 지켜보고 있던 베짱이가 줄을 지어서 따라가고 있는 한 개미한테 물어보았다.

"개미야, 지금 어디로 가고 있는 거니?"

"나도 몰라. 그냥 앞의 개미만 따라가고 있을 뿐이야."

그대에게 "왜 사십니까?", "왜 그렇게 허겁지겁 뛰어가십니까?"하고 묻는다면 어떠한 대답을 하겠는가?

삶의 목적도 없이 남의 뒤를 따라가기에만 바쁜 이들, 온통 자신의 삶을 남의 삶에 견주어 살아가기 바쁜 이들이 너무나 많다. 남이 돈을 많이 벌면 어떻게 해서라도 나도 돈을 많이 벌어야 하고, 남이 좋은 대학에 들어가면 나도 덩달아 좋은 대학에 들어가야만 직성이 풀리게 된다.

남의 뒤꽁무니만 졸졸 따라다니는 삶이 가치있는 삶일까? 아니라고 대답하겠다. 그러한 삶에서는 자신의 의지와는 무관하게 그들을 따라가야 하기 때문에 자신의 삶이 존재할 수 없다. 또 남을 따라잡기 위해서 자신의 능력에 겨운 일도 해야만 하기 때문에 삶이 온통 고통으로 찌들게 된다.

확정된 삶의 길이나 방식은 없다. 돈 많은 삶이 가치있는 삶이고, 대학 나온 사람만이 출세하는 세상은 이미 아니다. 남에게 피해를 입히지 않으면서 자신의 의지대로 힘껏 살아가는 삶이면 훌륭한 것이다.

우리는 살아가면서 '나는 누구인가?', '나는 왜 사는가?', '나는 무엇을 위해 사는가?'라는 질문을 종종 던져보아야 한다. 그러한 질문을 스스로에게 던지는 순간, 스스로를 볼 수 있는 눈이 뜨이게 되고, 자신의 존재가치를 생각해 볼 여유를 가지게 된다. 또 만성과 타성에 젖어서 무감각한 상태로 삶을 살아가고 있는 자신에게 이러한 질문을 던짐으로써 스스로를 자극하고 채찍질할 수 있는 동기를 만들 수 있다.

가치있는 행동을 함으로써만 가치있는 것을 보텔 수 있다.

목적도 없이 될 대로 되라고 내버려 두는 삶에서는 그 어떤 가치도 구할 수 없고, 타락과 방종이 연속되는 비참한 고통의 멍에에 삶을 내맡겨야 한다.

◆ ◆ ◆

자기는 자식이 있고 예의가 있으며, 게다가 덕까지 갖추었다고 생각하는 사람들이 어리석게도 자신의 인생 목표와 가치를 모를 뿐만 아니라, 도리어 그 모르는 것을 자랑거리로 삼는다는 것을 우리는 흔히 볼 수 있다. 나는 그들을 딱하게 여기고 있다.

_H.죠지

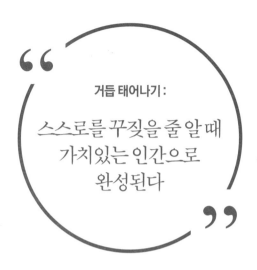

거듭 태어나기:

스스로를 꾸짖을 줄 알 때
가치있는 인간으로
완성된다

얼굴에 있는 티는 거울을 봄으로써 발견해 낼 수 있고, 자신의 바르지 못한 행동은 타인들의 행동에 비추어 봄으로써 발견해 낼 수 있다.

타인들의 행동은 자신의 행동을 비추어 볼 수 있는 유일한 거울이고, 자신의 품행을 바로잡을 수 있는 기준이 된다.

한 중년 남자가 한눈팔다가 길을 지나가던 시각장애인과 몸을 부딪쳤다. 그러자 그 중년 남자는 맹인에게 삿대질을 해대면서 큰소리를 쳤다.

"여보쇼, 거 똑바로 좀 다니쇼. 그 지팡이는 폼으로 들고 다니는 거요?."

시각장애인은 보이지 않는 중년 남자를 향해 말없이 고개를 숙였다.

우리는 자신의 편만을 드는 데 익숙해져 있고, 스스로를 꾸짖지 않음으로써 타락시키고 있다.

자신의 잘못된 행동을 잘한 행동처럼 돌려놓고서만 직성이 풀리고, 타인의 잘못에 대해서는 터럭만 한 것도 용서하지 않으면서 자신의 잘못은 아무리 큰 것일지라도 두둔해 주는 데 익숙해져 있는 것이다.

그러나 무조건의 두둔이 자신의 가치를 얼마나 떨어뜨리고 있는가를 깨달아야 한다.

모난 돌이 정을 맞음으로써 다듬어지는 것처럼 거친 행동은 채찍을 맞음으로써 다듬어지게 되는데, 자신을 위한다는 어리석음으로 스스로에 대한 채찍을 아끼는 것은 자신의 잘못된 행동을 그대로 방치하는 것이나 다름없다.

스스로를 꾸짖을 줄 알 때 가치있는 인간으로 완성된다. 자신의 행동이 잘못된 것이었을 때는 두둔하기보다는 냉정하게 채찍질해서 다시는 그러한 행위를 하지 못하게 해야 하고, 타인에게서 잘못이 발견되면 꾸짖기에 앞서 그것과 똑같은 행동을 나는 지금 하고 있지 않는가를 반성해보는 가운데 가치있는 인간으로 거듭 태어나는 것이다.

몸을 떳떳하게 세우기 위해서는 타인에게 너그럽게 대하는 대신에 자신에게는 냉정해야 하고, 또 타인에게 요구하는 것보다 자신에게 요구하는 것을 더 많게 하여 자만심의 싹이 자라지 않도록 해야 한다.

자만심은 꾸짖지 않고 두둔해 주는 가운데 자라는 잡초이며, 자만심의 싹이 자랄수록 자신의 존재는 타락되고 타인들의 관심으로부터는 멀어지게 된다.

◆　◆　◆

남은 되도록 용서하고, 자신은 되도록 용서치 말라.

_탈무드

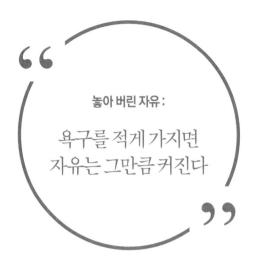

놓아 버린 자유 :

욕구를 적게 가지면 자유는 그만큼 커진다

삶을 억지로 살려고 하지 마라. 세상에는 발버둥을 쳐서 되는 일도 있지만 아무리 발버둥을 쳐도 소용없는 일이 있다. 소용없는 일에 발버둥을 치면 오히려 그것이 자신을 구속하는 원인이 되고, 삶을 고되게 만드는 원인이 된다.

개미가 아들을 데리고 산책하다가 자신의 몸보다 몇 배나 큰 고깃 덩어리를 발견했다. 개미는 눈이 번쩍 뜨여 고깃덩어리를 자신의 집으로 가져가기 위해서 아들과 함께 끌기 시작했다. 하지만 고깃 덩어리는 움직일 기미조차 보이지 않았다.

온종일 아들과 함께 끙끙 앓으면서 노력을 해보았으나 헛수고였다. 개미는 지칠 대로 지쳐서 바닥에 털썩 주저앉고 말았다. 바닥에 주저앉아서 눈을 감고 생각하던 개미가 한참 후에 일어나서는 아들한테 집으로 돌아가자고 했다.

그러자 아들이 물었다.

"아버지, 이 고깃덩어리를 그냥 두고 가시려고요?"

아버지가 대답했다.

"끙끙 앓으면서 고깃국을 먹느니 돌아가서 마음 편하게 나물국을 먹고 살자."

가려고 하거든 가도록 놓아 주도록 하라. 다시 돌아올 때도 있지 않겠는가?

눈물이 나려고 하면 나오게 내버려 두라. 다 나와 눈물샘이 말라 버리면 멈추지 않겠는가?

아픔이 밀려오거든 밀려오게 내버려 두라. 그 아픔이 생명까지야 빼앗아 가겠는가?

잘못된 자신의 신세를 비관하지 마라. 못되면 지금보다 더 못되겠는가?

고통에서 벗어나기 위해서는 무엇보다도 집착하고 있는 것으로부터 자유로워야 한다. 고통의 올가미에 걸려드는 것은, 가려는 것을 억지로 잡으려 하고, 나오는 눈물을 억지로 참으려 하고, 아픔을 피하기 위해 요리조리 꽁무니를 빼고, 더 잘되기 위해서 끙끙 앓기 때문이다.

가진 것이 남보다 못하다고 해서 스스로를 질책해서는 안 된다. 그러한 질책은 삶에 고통만을 더할 뿐이다. 나물국 대신 고깃국을 먹으려고 입맛을 다시고, 버스 대신 택시를 타려고 기웃거리기 때문에 자신의 삶에 불만이 생기는 것이지, 고깃국 대신 나물국 먹고, 택시 대신 버스 타는 것으로 만족하게 되면 불만은 사라지고 마음은 언제나 부자가 된다. 그리고 텅 비어서 더 비울 것이 없는 마음에는 오히려 평온함이 깃든다.

◆ ◆ ◆

많은 욕구를 가질수록 많은 것에 예속되고, 점점 더 자신의 자유를 막아 버린다. 완전한 자유는 아무것도 바라지 않을 때 가질 수 있고, 욕구를 적게 가지면 자유도 그만큼 커진다.

_조로아스터

마음의 그릇 :

어리석은 사람일수록
욕심의 고삐를
늦추지 않는다

손을 반듯하게 펴면 세상 모든 것을 감쌀 수 있으나, 어느 하나에 집착하여 손을 오므리면 터럭만 한 것만 잡힐 뿐이다. 따라서 욕심을 부리면 내 손아귀에 있는 것만 내 것이지만, 욕심을 버리면 세상에 있는 모든 것이 내 것이 된다.

저장해 두었던 양식으로 겨울을 아무런 걱정 없이 보낼 수 있었던 욕심쟁이 다람쥐가 봄이 되자 겨울에 먹을 양식을 다시 저장하기 시작했다.

다람쥐는 어찌나 욕심이 많았던지 먹을 수 있는 것이라면 맛있는 것이나 맛이 없는 것이나 가리지를 않고 창고 속에 저장하기에 바빴다. 그렇게 유난을 떤 탓에 양식 저장창고는 가을이 되기도 전에 가득 차버렸다.

가을이 되자 밤, 호도, 잣 등 맛있고 영양가 있는 양식들이 풍성하게 쏟아졌다. 욕심 많은 다람쥐가 이 좋은 양식들을 그냥 내버려 둘리가 없었다. 더 이상 저장할 창고가 없다는 것을 뻔히 알면서도 그는 온종일 열심히 모아서 창고 앞에 착착 쌓아 두었다.

가을이 지나고 겨울이 되어 먹이를 더 이상 구할 수 없게 되자, 그는 창고 앞에 쌓아 두었던 양식부터 먹기 시작했다. 그런데 며칠 먹지도 않았는데 창고 앞에 쌓아 두었던 양식이 동이 나 버렸다. 알고 보니 토끼, 쥐, 족제비 같은 산속의 다른 동물들이 모두 훔쳐 갔기 때문이었다.

맛있는 양식을 다른 동물들한테 모두 도둑맞은 다람쥐는 맛없는 양식을 먹으며 겨울을 나야 했다.

우리는 마음의 그릇을 가지고 있다. 이 그릇에 자신에게 유익한 것이 나타났을 때 재빨리 담아 두기 위해서는 되도록 많이 비워 놓고 기다려야 한다. 그렇지 않고 이것저것 쓸데없는 잡동사니로 채워 놓으면, 큰 것은커녕 작은 것조차도 넣을 수 있는 공간이 없어져 버려 진정으로 가치있는 것이 나타나더라도 담지 못하고 버려야만 하는 일이 생긴다.

마음의 그릇조차도 물욕으로 채우기 위해 욕심의 고삐를 늦추지 않는 어리석은 자들이 있다. 하지만 마음의 그릇은, 물욕으로는 절대

채워지지 않는다. 너무 얻으려고 집착하면 오히려 잃는 마음의 그릇은, 물욕을 버림으로써 가득하게 채울 수 있고, 버린 만큼 다시 채울 수 있다.

마음의 그릇이 그득하면 세상 모든 것이 그득하고 그 무엇이든 만족으로 다가온다. 하지만 마음의 그릇이 차지 않으면 천금을 쥐고 희롱해도 마음은 언제나 허전하고 불만스러워 만족과 행복이 있을 수 없다.

◆ ◆ ◆

바구니 속에 먹을 것을 잔뜩 가지고 있으면서도, 내일은 무엇을 먹을 것이냐고 걱정하는 인간은 구제 불능한 인간이다.

_에머슨

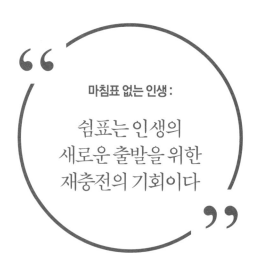

마침표 없는 인생 :

쉼표는 인생의 새로운 출발을 위한 재충전의 기회이다

마침표[.]는 인생의 끝이요 죽음이다. 따라서 세상이 무너지는 시련이 닥쳐와도 마침표만은 찍지 말아야 한다. 그래도 견딜 수 없거든 마침표 대신 쉼표[,]를 찍어 두어야 한다.

인생의 꽃은 가장 오래 견딘 자에게서 피어난다.

이름 석 자를 말하면 삼척동자도 알 만큼 유명한 사람이 회고록을 펴냈다. 그 책은 그의 인기만큼이나 많이 팔려나갔다. 사람들은 그의 화려한 인생에 대하여 부러워하고 있었고, 또 그러한 그의 뒷얘기가 궁금하였기에 관심거리가 되었던 것이다.

이러한 독자들의 관심과는 달리 그 책의 서두는 독자들의 생각을

180도 뒤바꿔 놓은 글로부터 시작되었다.

"세상 모든 사람은 나의 화려한 면만을 볼 뿐 나의 암울했던 면은 보지 못한다. 마치 내가 좋은 환경에서 성장하였기 때문에 이만한 사람이 된 것인 양 생각한다. 그러나 인생의 끝-죽음을 나보다 많이 생각해본 사람은 없을 것이라고 생각한다. 수많은 고통과 좌절, 실패 속에서 나는 언제나 인생의 끝을 생각했다. 그렇지만 나는 끝이 보일 때마다 마침표 대신 쉼표를 찍어 두었고, 마침표는 어떠한 경우도 찍지 않겠다는 각오로 생활했다. 내가 오늘날 존재하게 된 것은 바로 마침표 대신 쉼표를 찍어 두었기 때문이라고 생각한다."

이러한 글로부터 시작한 그의 책에는 화려한 얘기 대신에 그의 절실했던 인생 이야기가 진술하게 실려 있었고, 그로 인해 그의 화려한 면만을 보아왔던 세상 사람들은 그를 다시 한번 이해하는 계기가 되었다.

우리 인생에는 끝이란 것이 없다.

생명이 끊기지 않는 한 우리의 삶은 계속된다. 끝을 생각하게 하는 수많은 시련이 우리를 엄습하는 것은 그것에서 벗어나 새로운 출발을 하라는 또 다른 채찍질일 뿐이다.

쉼표는 필요할지라도 마침표가 있어서는 안 되는 것이 우리의 인생이다. 따라서 인생의 끝이 보이면 마침표를 찍어서 극복하려 하기에 앞서 쉼표를 찍어서 극복해야 한다. 마침표는 인생의 끝이지만 쉼표는 인생의 새로운 출발을 위한 출발점이다. 마침표를 찍지 않으면 희망이 남아있지만, 마침표를 찍어 버리면 희망은 영영 달아나 버리고 만다.

자신의 인생에 스스로가 마침표를 찍는 절대 범죄를 범하지 말아야 한다. 내 삶에 대한 파산선고는 시련 자체가 아니라 스스로가 찍는 마침표에 의해서 내려진다. 물길을 가로막지 않는 한 물이 끊임없이 흐르듯, 우리의 인생은 스스로 마침표를 찍지 않는 한 끊임없이 이어진다.

◆ ◆ ◆

지난날 우리에게는 깜박이는 불빛이 있었고, 오늘날 우리에게는 타오르는 불빛이 있다. 그리고 미래에는 온 땅 위와 바다 위를 비추는 불빛이 있을 것이다.

_처칠

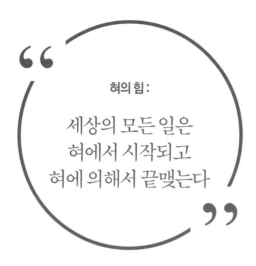

혀의 힘 :

세상의 모든 일은
혀에서 시작되고
혀에 의해서 끝맺는다

혀는 뼈가 없다. 그러나 뼈도 부러뜨릴 수 있다. 혀는 연장이 아니다. 그러나 자르지 못하는 것이 없다. 혀는 화살이 아니다. 그러나 멀리 떨어진 거리까지 날아가서 찌를 수 있다. 혀는 날개가 없다. 그러나 자유롭게 날 수 있다. 혀는 힘이 없다. 그러나 세상을 움직일 수 있는 엄청난 마력을 낼 수 있다.

제자들이 가르침을 받기 위해서 스승이 나타나기만을 기다리고 있었다.

이윽고 나타난 스승은 제자들에게 엉뚱한 말을 했다.

"지금 너희들이 가지고 있는 것 중에서 가장 강력한 것 하나씩만 내놓아 보아라."

갑작스런 스승의 태도에 제자들은 어리둥절했다.

한참 동안 눈을 껌벅거리며 생각하던 제자들은 강력하다고 생각되는 것들을 하나씩 스승에게 내보였다. 어떤 제자는 연필깎이를 내보였고, 어떤 제자는 두 주먹을 불끈 쥐어 보였으며, 어떤 제자는 태권도 시범을 보이기도 하였다. 그런데 한 제자가 스승 앞에 혀를 길게 빼서 내보였다.

스승은 그 제자에게 물었다.

"너는 왜 혀를 내놓고 있느냐?"

그러자 제자가 혀를 거두며 대답했다.

"스승님, 제가 가진 것 중에서 가장 강력한 무기는 바로 혀이기 때문입니다. 혀는 그 어떠한 무기도 상처를 낼 수 없는 마음의 상처를 낼 수 있고, 한 마디의 잔인한 말은 칼로 찌른 상처보다 더 큰 상처를 낼 수 있기 때문입니다."

이 대답을 들은 스승은 만족한 표정을 지으며 말했다.

"오늘 내가 너희들에게 가르치고자 했던 것을 이 제자가 모두 말해 버렸다. 오늘은 더 이상 가르칠 것이 없으니 내일 다시 오도록 하여라."

우리가 진정으로 경계해야 할 것은 타인이 아니라 자신의 입속에 있는 혀이다. 세상을 움직이는 것도 혀이고, 세상을 옳게도 나쁘게도 할 수 있는 것이 혀이기 때문이다.

세상사가 혀에 의해서 시작되기도 하지만 혀에 의해서 끝을 맺는 다는 것도 잊어서는 안 된다.

혀로 이룬 사랑이 혀로 인해서 끝을 맺게 되고, 혀로 이룬 우정이 혀로 인해서 끝을 맺으며, 혀로 이룬 대인관계가 혀에 의해서 끝을 맺게 된다.

혀는 부드럽게 생긴 만큼이나 심한 변덕을 부린다. 어떨 때는 온화한 솜사탕으로 변하여 벅찬 감동을 주는 말을 쏟아내기도 하고, 어떨 때는 날카로운 칼날로 변하여 의사도 치료할 수 없는 마음의 상처를 내놓는다.

그뿐이 아니다. 어떨 때는 달콤한 사탕으로 위장하여 사람을 함정에 빠뜨려 놓는가 하면, 어떨 때는 차디찬 얼음덩이로 변하여 오랜 세월에 걸쳐 진심을 담아 쌓아 놓은 신뢰를 한순간에 손상시켜 버리기도 한다.

남의 입에서 나오는 말보다 자기 입에서 나오는 말을 잘 들을 줄 알아야 한다.

혀가 자유로워지면 행동도 자유로워지고, 혀가 절도를 지키면 행동도 절도를 지키게 된다. 그렇기 때문에 나를 지키는 일은 부드러운 혀를 다스리는 일로부터 시작되는 것이다.

조금만 방심해도 옳은 말 그른 말 가리지 않고 쏟아내는 혀를 잘못 다스리게 되면 그 말에 의하여 끝내는 자신이 돌이킬 수 없는 상처를 받게 된다.

혀를 다스리는 것은 나지만, 내뱉어진 말은 나를 다스린다.

혀를 많이 놀릴수록 몸은 수고로워진다. 말한 만큼 행동도 뒤따라
야 하기 때문이다.

혀를 많이 놀릴수록 신용이 상처를 입는다. 말이 많으면 행동은 상
대적으로 적어지기 때문이다.

혀를 많이 놀릴수록 얻는 것보다 잃는 것이 많다. 얻는 수단은 행
동이지만 잃는 수단은 말이기 때문이다.

◆　◆　◆

너는 내가 맛있는 것을 사 오라고 했을 때도 혀를 사 왔고, 오늘
은 싼 음식을 사 오라고 시켰는데 또 혀를 사 왔다. 어찌 된 일인
가? "혀는 좋으면 그보다 좋은 것이 없고, 또 나쁘면 그보다 나
쁜 것이 없기 때문입니다."

_탈무드

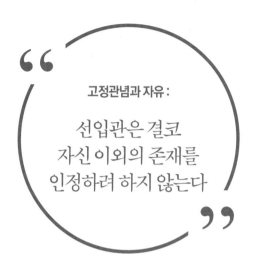

고정관념과 자유 :

선입관은 결코 자신 이외의 존재를 인정하려 하지 않는다

고정관념은 언제나 자신의 의견과 판단만을 따르라고 강요하기 때문에 고정관념에 사로잡힌 마음에는 자신의 존재가치가 있을 수 없다. 그러한 마음에서는 언제나 코를 내주고 자유를 잃은 소처럼 자신의 자유로운 생각에 앞서 고정관념에 복종해야만 한다.

한 젊은이가 나를 찾아와 물었다.
"진리란 무엇입니까?"
나는 대답해 주었다.
"깨달은 사람이 말하는 모든 것은 진리입니다."
그랬더니 젊은이는 불만족스러운 표정을 지으면서 다른 질문을 했다.

"그러면 참된 성자란 어떤 사람입니까?"

이번에도 나는 성의껏 대답해 주었다.

"참된 성자란 눈을 뜬 사람입니다. 눈을 뜬 사람은 누구든지 성자입니다."

젊은이는 이 대답에도 만족하지 못하였다.

"그런 대답이 어디 있습니까? 그런 대답을 듣기 위해서 여기까지 온 것이 후회되는군요."

불만스런 표정으로 나가려 하는 젊은이에게 나는 어느 책을 보여주며 말했다.

"이 말은 내가 한 말이 아니고 유명한 불타와 성자가 말한 것을 그대로 옮겼을 뿐입니다."

그때서야 젊은이는 밝은 미소를 띠며 말했다.

"아, 그렇습니까? 과연 명답이로군요."

같은 종이라도 신사가 들고 있으면 서류뭉치이고 환경미화원이 들고 있으면 쓰레기 뭉치다. 같은 말이라도 철학자가 말하면 명언이고 평범한 사람이 말하면 쓸데없는 소리다. 같은 훈계라도 나이 많이 먹은 사람이 말하면 교훈이고 젊은 사람이 말하면 철없는 소리다.

독재자와 고정관념 – 선입관은 결코 자신 이외의 존재에 대해서는 인정하지 않는다. 자신만이 최고이고, 자신의 의견과 판단만이 옳은 것이라고 강요한다. 그러므로 고정관념에 사로잡힌 마음에는 그 어떤 것도 쓰레기로 취급되어 버려진다.

붕어빵틀에서는 붕어 모양의 빵만 구워져 나오는 것처럼, 고정관념 속에서는 언제나 같은 결론만이 나온다. 따라서 그 무엇에도 구속받지 않는 자유로운 이성의 소유자가 되기 위해서는 독재자와 같은 고정관념을 깨버려야 한다.

이성을 가진 인간이라고, 또는 자유를 달라고 소리 높여 외쳐대기 전에 올바른 판단조차 하지 못하게 가로막는 고정관념에서 벗어나야 한다.

고정관념을 깨끗이 지울 때만이 이성의 자유와 더불어 행동의 자유도 보장받게 된다.

◆ ◆ ◆

잘못된 고정관념에 사로잡히면 잘못을 수십 번 범하게 된다.

_B. N. 카도우조우

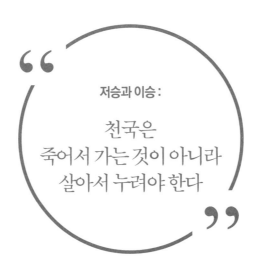

저승과 이승:

천국은
죽어서 가는 것이 아니라
살아서 누려야 한다

마음의 평화가 있는 곳이 천국이다. 몸이야 가시밭에 있든 널빤지 위에서 잠을 자든 마음만 편안하면 그것이 바로 천국의 생활이고 행복이다. 하지만 마음의 평화가 없으면 꽃밭에 있어도 가시밭에 있는 것이나 다름없고, 그러니 몸이 어디에 있든지 지옥 생활을 거듭해야 한다.

천국행 열차와 지옥행 열차가 있었다. 그 열차를 타는 데는 아무런 제약이 없었기 때문에 자신이 가고 싶은 곳의 열차를 타면 되었다.

사람들 모두는 천국행 열차로만 몰려가서 탔을 뿐 지옥행 열차에

오르는 사람은 단 한 사람도 없었다. 그래서 지옥행 열차는 좌석이 남아도는 반면 천국행 열차는 좌석이 없는 것은 물론 서 있을 공간조차도 없이 북새통을 이루었다.

천국으로 가는 열차가 이렇게 북새통을 이루고 있는데도 불구하고 뒤에 오는 사람들은 예외 없이 지옥행 열차는 거들떠 보지도 않고 그곳을 비집고 들어갔다.

천국행 열차에서는 사람 살려달라는 아우성과 함께 더 이상 타지 말라는 고함이 흘러나왔지만, 사람들은 아랑곳하지 않고 천국행 열차로만 몰려들었다.

한 노인이 열차를 타기 위해서 출입문 앞에 섰다.

텅 비어 있는 지옥행 열차와 아우성치고 있는 천국행 열차를 무심코 살펴보고 난 노인은 여유있는 표정을 지으며 지옥행 열차에 올랐다.

지옥행 열차에는 자리가 텅텅 비어 있었기 때문에 천국행 열차처럼 아우성을 칠 필요도 없었고, 서로 부딪치며 낯 붉히면서 밀고 당길 필요도 없었다.

노인이 편안하게 앉아 있는 모습을 보고 안내원이 다가와서 물었다.

"어르신은 왜 다른 사람들처럼 천국행 열차를 타지 않고 지옥행 열차를 타셨습니까?"

이 물음에 노인이 대답했다.

"저렇게 아우성치는 천국에 가기보다는 차라리 지옥에 가서 마음 편하게 사는 것이 낫기 때문입니다. 마음 편한 곳보다 더 좋은 천국이 어디 있겠습니까?"

천국은 죽어서 가는 것이 아니라 살아서 누리는 것이다. 죽어서 가는 모든 곳은 오로지 지옥뿐이다. 우리는 살아있는 자체로서 천국에 있는 것이고, 숨을 거두는 순간 천국에서 쫓겨나 지옥으로 떨어지는 것이다.

죽으면 천국에 가서 산다고 하는 것만큼 어리석은 생각도 없다. 우리는 지금까지 죽어서 천국에서 산다고 하는 소리도 들어본 적이 없다. 천국에서 편지가 오거나 전화 연락이 온 적도 없다. 죽으면 죽은 자체로서 모든 것이 끝나는데 무슨 천국에 가고 지옥에 간다는 말인가?

'쇠똥에 구르면서 살더라도 저승보다는 이승이 낫다'라는 말이 있는 것처럼 살아있는 자체가 행복이고 천국이다.

지나가는 사람을 붙들고 "이 세상에서 고생하면서 살래, 천국에 가서 편안하게 살래?"하고 물으면 모두가 이 세상에서 살겠다고 하지 죽어서 천국에 가겠다고 하는 사람은 없다. 천국이 그토록 좋은 낙원이라면 이승에서 고통받으며 사느니 죽음을 택해야 옳은 것임에도 불구하고 죽음을 택하지 않는다는 사실이 바로 이 세상이 천국이라는 것을 증명하는 것이다.

죽음을 눈앞에 둔 사람들은 한순간이라도 더 살아보기 위해서 발버둥을 치는데, 그렇다면 그들이 죽어서 지옥에 가는 것이 두려워서 그러겠는가?

그들이 한순간이라도 더 살아보려고 발버둥을 치는 것은, 바로 이 세상이 천국임을 깨닫고, 천국을 지독히도 떠나고 싶지 않기 때문이다. 그런데 많은 이들이 죽음을 눈앞에 두고서야 비로소 이 세상이 천국이라는 것을 깨달으니, 이보다 더 안타깝고 가엾은 일이 어디 있겠는가!

◆　◆　◆

생각에 따라 천국과 지옥이 생기는 법이다. 천국과 지옥은 천상이나 지하에 있는 것이 아니라 바로 우리의 삶 속에 있는 것이다.

_ 말로리

사필귀정:

세상에서 가장
어려운 것 중 하나가
스스로 나를
바꾸는 일이다

말[言]은 순환형의 철로 위에 놓인 전차와 같아서 내가 한 말은 여러 사람의 입을 거쳐 다시 내게로 돌아온다. 따라서 천사의 환영을 받을 것이냐, 악마의 공격을 받을 것이냐는 내 입에서 천사를 내보내느냐, 악마를 내보내느냐에 달려있다.

거울 앞에서 인상을 쓴 채 손짓, 발짓하며 놀던 아이가 갑자기 울음을 터뜨리며 엄마 품으로 들어왔다.
"엄마, 거울 속에 있는 아이가 화난 얼굴로 나를 때리려고 해요. 엄마가 가서 때려 주세요."
"음, 그것은 네가 먼저 그 아이를 때리려고 했기 때문이야."

"아니에요, 거울 속에 있는 아이가 먼저 나를 째려보다가 때리려고 했어요."

"그럼, 우리 거울 앞으로 가 보자."

아이를 거울 앞에 데려온 엄마는 아이에게 먼저 웃어보라고 타일렀다. 아이는 엄마가 시키는 대로 웃었다. 그러자 거울 속에 있는 아이도 따라 웃었다.

"거봐. 네가 먼저 웃으니까 거울 속에 아이도 웃잖아."

엄마 말이 거짓이 아니라는 것을 안 아이는 거울 속의 아이와 깔깔깔 웃기도 하고, 뽀뽀도 하면서 즐겁게 놀았다.

자신이 먼저 상대방을 욕되게 해 놓고서 상대방이 먼저 욕한다고 억지를 쓰고, 자신의 마음에 조금이라도 들지 않으면 모두가 나쁜 사람들이라고 매도한다. 설령 자신이 잘못해서 다투었다고 해도 싸움이 끝난 후에는 상대방이 나쁘다고 덮어씌운다.

세상 사람 모두는 고요하다. 자신만이 모든 변화를 일으키는 주인공이고, 따라서 자신만 가만히 있으면 아무도 돌멩이를 던지지 않는다.

물의 고요함을 깨뜨리기 위해서 돌멩이를 던지면 도리어 자신이 물벼락을 맞게 되는 것처럼, 상대방을 해치기 위해서 입을 함부로 뻥긋하면 그것은 돌고 돌아 자신에게로 다시 돌아와 아픈 상처를 내고 만다.

평안을 누리기 위해서는 상대방이 가만히 있어야 하는 것이 아니

라 내가 유별나게 움직이지 않아야 한다. 상대방이 움직이니까 내가
움직이는 것이 아니라 내가 먼저 움직이니까 상대방이 움직이는 것
이다.

아무리 인화성이 좋은 휘발유라 하더라도 먼저 불씨를 당기지 않
는 한 스스로 타는 법은 없다.

◆ ◆ ◆

남과 사이가 벌어졌을 때, 남이 그대에게 대한 불만스러운 태도
를 보일 때, 남이 그대를 배반하였을 때, 그가 나쁜 것이 아니라
그대의 선(善)이 부족하였다고 생각하라.

_톨스토이

잡을 수 없는 내일 :

오늘을 열심히 살아야
좋은 내일을 얻을 수 있다

오늘 살지 않은 삶을 내일로 미루는 것은 오늘과 내일을 동시에 희생시키는 것이다. 오늘은 내일로 미루어서 희생시키고, 내일은 오늘 미루어 놓은 삶 때문에 희생되는 것이다.

따라서 오늘과 내일을 동시에 얻는 비결은 오늘의 삶은 오늘에 사는 것이다.

조그마한 서점에 어느 날 간판 대신에 '내일은 책을 무료로 드립니다'라는 현수막이 나붙었다. 책을 사기 위해 서점에 들르려던 사람들이 그 현수막을 발견하고는 내일 다시 오겠다며 책을 사지 않고 그냥 돌아갔다.

현수막을 보고 돌아갔던 사람들은 다음 날 아침 일찍 서점으로 나갔다. 서점은 공짜로 책을 받아 가려는 사람들로 북새통을 이루었고, 한 권이라도 더 가져가기 위해서 서로 경쟁을 벌였다. 욕심껏 책을 고른 사람들이 즐거운 표정으로 서점을 나오는데, 이상하게도 출입구 쪽의 계산대에서는 여전히 돈을 받고 있었다.

그러자 한 사람이 서점 주인에게 따졌다.

"여보소, 오늘 책을 무료로 준다고 해 놓고서 왜 돈을 받는 것이요?"

그때 주인은 조용히 대답해 주었다.

"아, 현수막을 보시고 그러시는 것 같은데, 그 현수막에는 내일 무료로 드린다고 했지, 오늘 무료로 드린다고 한 적은 없습니다. 그러니 오늘은 돈을 내셔야 합니다."

이 말을 들은 손님들은 책을 내려놓고 우르르 몰려나가 현수막을 다시 바라보았다. 현수막은 여전히 '내일은 책을 무료로 드립니다'라고 씌어 있었다.

오늘을 사는 것은 내일을 사는 것보다 절박하다. 내일은 시간이 흐르면 계속해서 다가오지만 오늘은 이 순간이 지나면 영원히 다시 오지 않기 때문이다. 오늘에 최선을 다하기 위해서는 내일을 너무 믿지 말아야 한다. 내일을 너무 믿고 생활하기 때문에 오늘 할 일을 미루게 되고, 오늘 누릴 행복을 미루게 되며, 오늘 살아야 할 삶을 미루게 되는 것이다.

나와 내일 사이에는 언제나 일정한 간격이 있고, 그 간격은 그 어떤 수단에 의해서도 좁힐 수 없다. 따라서 우리가 좋은 내일을 얻기 위해서 해야 할 최선의 일은 오늘을 열심히 살아야 한다는 것이다.

오늘을 열심히 살면 희망으로 다가오고 오늘을 빈둥빈둥 보내면 후회로 다가오는 것이 내일이며, 내일 자체가 우리에게 희망을 안겨 주거나 하는 것은 아니다.

내일 자체를 얻기 위해서 노력하지 말아야 한다. 내일은 가까이 다가가면 저만큼 달아나 버리는 무지개와 같은 것이기 때문에, 그것을 얻기 위해서 노력하는 자는 후회만을 얻어 낼 것이다.

◆ ◆ ◆

내일은 노련한 사기꾼이다. 그의 사기는 언제나 그럴싸하다.

_S. 존슨

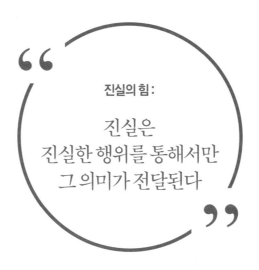

진실의 힘 :

**진실은
진실한 행위를 통해서만
그 의미가 전달된다**

악(惡)은 선(善)에 의하여 심판받고, 거짓 – 부정은 진실 – 정에 의하여 심판받는다.

때로는 선이 악에 의하여 억압당하고, 진실이 거짓에 의하여 왜곡되기도 하지만 최후에 가서는 선과 진실이 악과 거짓을 사장시켜 버린다.

피고 신분으로 재판을 받던 사람이 불리한 입장으로 몰리자, 많은 돈을 준비해서 남의 눈에 띄지 않게 담당 판사를 집으로 찾아갔다. 그는 판사 앞에 두둑한 돈 가방을 내놓으며 잘 좀 부탁한다고 머리를 조아렸다.

잠시 황당해하던 판사는 이내 돈 가방을 밀치며 무겁게 입을 열었다.

"이러한 일을 해서는 안 됩니다. 설령 뇌물이 아니라고 하더라도 제가 이 돈을 받아서는 안 되는 분명한 이유는, 이 돈에 의해서 진실이 침해될까 염려되기 때문입니다. 이 돈 때문에 진실이 침해된다면 우리 모두는 돈으로도 따질 수 없는 엄청난 피해를 보는 것입니다. 그리고 재판에서 이기고 지는 것을 판단해 주는 것은 진실이지 제 개인적인 판단이 아닙니다. 진실 앞에서 꼼짝 못 하는 것은 판사인 저도 마찬가지입니다. 그러니 돌아가서서 진실을 주장하는 데 최선을 다하십시오."

태양이 구름에 가려졌다고 해서 태양 자체가 사라지는 것이 아니듯, 부정을 돈의 힘을 빌려 정 – 진실로 돌려놓았다고 해서 부정 자체가 뒤바뀌어 완전한 정(正)으로 돌아가려는 것은 아니다. 그러한 부정은 구름이 태양에 의해 걷어지는 것과 같이 정 – 진실에 의하여 원상태로 돌려지고 만다.

부정을 돈의 힘에 의해 정당화시키는 행위가 많아질수록 사회는 타락하고 부패한다.

가끔 돈에 의해서 진실이 짓밟혀질 경우도 있기는 하지만 그것은 돈의 힘이 진실의 힘보다 세기 때문이 아니라 사회가 타락했기 때문일 뿐이다.

진실만이 영원하고, 진실만이 몸을 지키는 최후의 보루가 된다. 따라서 몸을 떳떳하게 세우기 위해서는 진실에 의지해야 하고, 핍박받는 진실일지라도 외면하지 말아야 한다.

진실은 때때로 거짓에 의해서 수난을 당하기도 하지만, 그것은 구름이 태양을 잠시 가리는 것과 다를 바가 없을 뿐이다. 영원히 변하지 않는 진실은 언젠가는 그 위력을 발휘하여 거짓을 말끔히 걷어내 준다.

◆ ◆ ◆

진실은 불멸(不滅)이요, 거짓은 필멸(必滅)이다.

_M. B. 에디

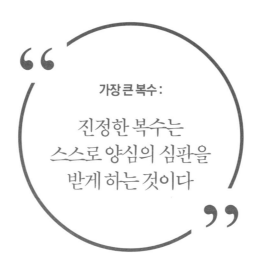

가장 큰 복수:

진정한 복수는
스스로 양심의 심판을
받게 하는 것이다

내 눈에 더 이상의 눈물을 흘리지 않게 하는 길은 타인의 눈에 눈물 대신 웃음이 감돌도록 하는 것이다. 눈물에 눈물을 개입시키는 것은 서로의 감정만 사납게 할 뿐 얻는 것은 없고, 눈물 - 복수에는 눈물 - 복수를 개입시키지 않음으로써만 멈추게 할 수 있다.

멧돼지의 생일날이었다. 맛있는 음식을 장만해 놓고서 두루미를 초대했다. 멧돼지는 하늘을 날아다니는 두루미를 늘 부러워하면서도 한편으로는 질투가 났기 때문에 두루미를 약 올려 주기로 마음먹고는 음식을 큰 접시에 담아서 두루미 앞에 내놓았다.

"두루미님, 이렇게 와 주셔서 감사합니다. 맛있게 드세요."

"멧돼지님, 오늘 생신 진심으로 축하드려요."

"감사합니다. 음식이 식기 전에 어서 드세요."

두루미는 긴 부리를 이용해서 접시에 담겨 있는 음식을 찍어 먹기 시작했다. 한 입 찍어 삼킨 다음 다시 찍으려 하는데 멧돼지가 큰 입을 접시 가까이에 대고 먹고 있었다. 멧돼지의 큰 입은 접시 전체를 뒤덮었기 때문에 두루미는 음식을 찍어 먹을 수가 없었다. 두루미는 그 장면을 물끄러미 바라보며 멧돼지의 입이 접시에서 떨어지기만을 기다렸다. 하지만 멧돼지의 입은 접시에 담겼던 음식을 다 먹고 난 다음에야 떨어졌다. 접시에 담겼던 음식을 다 먹은 후에야 입을 뗀 멧돼지는 능청스럽게 말을 꺼냈다.

"맛있게 드셨는지 모르겠네요."

두루미는 화가 치밀어 아무 대꾸도 하지 않은 채 나와 버렸다. 두루미는 돌아오면서 '그래, 내 생일날 두고 보자, 반드시 복수할 테다.' 하면서 복수심을 불태웠다.

몇 달 후 생일을 맞이한 두루미는 음식을 장만한 다음 멧돼지를 초대했다. 멧돼지는 두루미 집으로 오면서 자신의 생일 때 자신이 보여 준 행동에 두루미가 복수하면 어떻게 하나 하고 은근히 걱정했다. 그렇지만 두루미는 몇 달 전 자신이 당했던 것에 대한 복수심을 누그러뜨리고 멧돼지에게 큰 깨우침을 주기 위해서 오히려 넓은 접시에 맛있는 음식들을 담아서 멧돼지 앞에 내놓았다.

두루미가 복수할지도 모른다는 생각에 가득 차 있었던 멧돼지는 넓은 접시에 음식이 담겨서 나오는 것을 보고 안도의 숨을 내쉬었다. 이윽고 두루미가 나와서 인사를 했다.

"멧돼지님, 이렇게 와 주셔서 감사합니다. 차린 것은 별로 없습니다만, 마음껏 드시고 즐겁게 놀다 가시기 바랍니다."

"두루미님의 생신을 진심으로 축하드립니다."

인사가 끝나고 음식을 먹기 시작했다. 멧돼지는 큰 입을 이용해서 접시에 담긴 음식을 한입 물었다. 입안에 든 음식을 몇 번 씹더니 갑자기 울음을 터뜨렸다. 당황한 두루미가 물었다.

"멧돼지님, 왜 그러세요. 음식에 돌이라도 있나요?"

그러자 멧돼지가 울음을 그치고 두루미에게 머리를 조아렸다.

"두루미님, 저의 지난날의 죄를 용서해 주세요. 다시는 두루미님을 미워하거나 괴롭히지 않겠습니다."

그러자 두루미가 말했다.

"저는 이미 용서했습니다. 용서하지 않았다면 이 음식은 좁은 항아리에 담겨 나왔을 것입니다. 우리 앞으로 사이좋게 지냅시다."

이 말은 들은 멧돼지는 다시 한번 감동의 눈물을 흘렸다.

상대방의 잘못에 대하여 복수하는 것은 복수심에 불타고 있는 증오심만을 위로할 수 있을 뿐이지만, 상대방의 잘못에 대하여 복수 대신 용서하는 것은 자신의 영혼까지도 위로할 수 있다. 내 눈에서 흐르는 눈물을 멈추게 하기 위해서 눈물 흘리게 한 자에게 내가 받은 똑같은 고통을 받게 해서는 안 된다. 그렇게 해서 멈추어진 눈물은 멈춰진 것이 아니라 잠시 쉬고 있을 따름이며, 그와 똑같은 고통으로 다시 한번 눈물을 흘려야만 한다.

복수를 당한 것에 대하여 다시 복수하는 것은 작은 복수에 불과하다. 진정으로 큰 복수는 스스로 양심의 심판을 받게 함으로써 할 수 있다. 복수해 놓고서 다시 복수 당할 것이라는 생각을 늘 가지고 있는 자에게 다시 복수하는 것은 그의 뜻대로 움직여 주는 것밖에 되지 않아 복수의 효과를 거둘 수 없지만, 그런 자에게 역으로 복수를 하지 않으면 더 불안해하여 화끈하게 복수 당하는 것보다도 더 큰 마음의 괴로움과 양심의 가책을 받게 된다.

양심의 심판만큼 자신을 괴롭게 만드는 것도 드물다. 다른 모든 것은 속일 수 있어도 자신의 양심까지 속일 수는 없는 일이고, 그 양심을 스스로 거역한다는 것은 여간 괴로운 일이 아니다.

◆ ◆ ◆

비방에 대하여 비방으로 앙갚음함은, 타는 불 속에 장작을 집어넣는 것과 같다. 그러나 비방하는 자를 대하기를 평화로운 태도로 함은 그것만으로도 벌써 승리한 것이다.

_J. 러스킨

사물의 껍데기만 보는 데 만족하는 눈을 너무 믿어서는 안 된다. 눈은 그저 사물을 보는 데만 만족하고, 그것의 판단은 의식에게 맡겨야 한다.

인간사에서 일어나는 모든 불미스러운 일은 눈이 의식을 앞질러 설쳐대는 데서 시작된다.

부모 말을 지독히도 듣지 않는 딸이 있었다. 하지 말라고 하는 행동은 기를 쓰고 하면서도, 하라고 하는 행동은 지겨울 만큼 하지 않는 청개구리 같은 아이였다. 화가 나서 때려 보기도 하고 벌을 세워보기도 했지만 모두가 역부족, 그 순간이 지나면 원위치로 돌아갔다.

화가 난 엄마가 딸을 꾸짖었다.

"너는 도대체 누구를 닮아서 그 모양이니? 제발 나가서 죽든지 빨리 시집이나 가 버리든지 하여 내 눈앞에서 사라져라. 엄마는 속이 너무너무 상해서 살 수가 없어."

딸을 실컷 꾸짖은 엄마는 방으로 들어와 이불을 뒤집어쓰고는 친정 어머니를 생각하면서 울었다. 사실은 자기 딸이 자신을 꼭 빼닮았기 때문이었고, '나도 딸 때문에 이렇게 속이 상하는데 친정 엄마는 나를 키우면서 얼마나 속이 상하셨을까'하는 생각에 가슴 아파서 울었다.

자신에게 있을 때는 전혀 느끼지 못하는 악덕을 남에게 있을 때는 서슴없이 비난한다. 자신의 눈에 거슬리는 행동을 남이 할 때는 비난을 가하면서도 자신이 할 때는 대단히 훌륭한 행동이라고 치부해 버린다.

우리는 좋은 의식을 가지고 있으면서도 눈으로 세상을 산다. 그리하여 눈에 보이는 것에 대하여만 이러쿵저러쿵할 뿐 눈에 보이지 않는 것에 대해서는 침묵한다.

하지만 눈은 우리의 생각만큼 신용할 것이 못 된다. 눈으로 볼 수 있는 것은 지극히 제한되어 있을 뿐만 아니라 그것마저도 속임을 당하는 경우가 너무나 많기 때문이다.

우리를 움직이게 하는 원동력을 눈에 두지 말고 의식에 두어야 한다.

의식은 보이지 않는 세계와 자기 자신을 볼 수 있는 유일한 눈이고, 자신의 육신을 떠나 자신의 육신이 어떠한 행동을 하고 있는지를 볼 수 있는 또 다른 눈이다.

눈을 뜨고 있다고 해서 의식의 눈까지 뜨이는 것은 아니다. 의식의 눈은 눈의 상태와는 무관하게 자신의 의지에 의해서 뜰 수 있고, 눈에 보이는 것이 없을 때 더욱더 냉철한 눈 – 의식의 눈을 뜰 수 있다.

◆　◆　◆

남의 품행을 공격하기에 앞서 자기 자신의 예절을 확신해야한다.

_J. 가너드

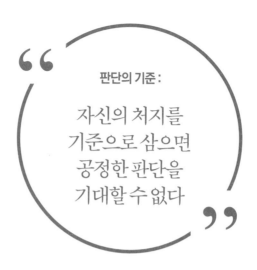

판단의 기준 :

자신의 처지를
기준으로 삼으면
공정한 판단을
기대할 수 없다

세상을 원만하게 살아나가기 위해서는 타인과의 관계에서 자신을
맨 앞에 나서게 하지 말고 뒤에 숨겨 두어야 한다. 오해와 분쟁이 일
어나 인간관계가 단절되는 것은 타인보다 자신의 입장과 판단이 앞
서기 때문이다.

가을이 깊어 가자 도심에 있는 가로수의 낙엽이 하나, 둘 지기 시
작했다. 그래서 환경미화원은 매일같이 낙엽을 쓸어내는 일에만
매달려야 했다.
하루도 빼놓지 않고 쓸어냈지만, 나무도 이에 질세라 하루도 빼놓
지 않고 낙엽을 떨구었다. 이에 지친 환경미화원은 가로수를 흔들

어 나뭇가지에 매달려 있는 나뭇잎을 강제로 떨어지게 한 다음 쓸어내기 시작했다.

환경미화원이 나뭇잎을 강제로 떨어뜨리기 위해서 나무를 흔들어대고 있을 때, 지나가던 행인 한 사람이 못마땅한 듯이 한마디를 던졌다.

"아저씨, 가을의 정취를 느낄 수 있도록 그냥 놔두지 그래요?"

환경미화원이 대답했다.

"당신은 떨어지는 낙엽을 보고 정취를 느낄지 모르겠지만, 떨어지는 대로 쓸어내야만 하는 나는 아주 지겹습니다. 당신도 이 직업을 가진다면 이렇게 할 것입니다."

우리들은 타인을 판단하면서 그 기준을 자기 자신의 처지로 삼는 경우가 자주 있다. 그래서 자신이 급하지 않으면 남도 그리 급하지 않을 것이라고 지레 생각을 한다. 때로는 자신이 배가 고프지 않으면 남도 자기처럼 배가 고프지 않을 것이라고 추측도 아닌 확신을 하기도 한다.

그러나 모든 사람은 옷 입은 모양만큼이나 다른 처지 속에서 삶을 영위해 나가고 있다는 것을 이해해야 한다. 이를 깨닫지 못하고 타인을 자신의 처지에 견주어 판단하게 되면 하얀색이 검은색을 향해 "왜 너는 검게 생겼냐?"라고 반박하는 것과 다름없는 어리석음을 범하게 된다.

도마 위에 놓은 고깃덩어리를 공정하게 나눠 갖고 싶으면 그것과 이해관계에 있는 자가 칼자루를 쥐지 말아야 하듯, 한 사람을 공정하게 판단하기 위해서는 자신의 처지를 판단의 기준으로 세우지 말아야 한다.

판단이 그릇되어 서로가 서로를 불신하는 결과를 낳는 것은 바로 자신을 판단 기준으로 세우기 때문이다.

◆ ◆ ◆

타인을 판단함은 언제나 옳지 못한 일이다. 그것은 누구를 막론하고 결코 타인의 마음속에 일어난 일 또는 일어날 일을 알 수 없기 때문이다.

_오레리아스

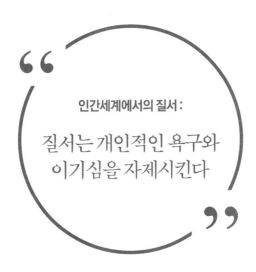

질서란 자신의 이익을 양보하고 희생시킴으로써 달성할 수 있다. 이기심을 잔뜩 품은 채 형식적으로 줄만 서 있는 존재는 질서를 지키고 있는 것이 아니라 남의 이목을 잠시 피하고 있을 뿐이며, 이런 자는 남의 이목만 벗어나면 질서는커녕 최소한의 도덕마저도 저버린다.

버스를 타기 위해 많은 사람이 줄을 서서 기다리고 있었다. 그때 한 할머니가 머리에 큰 보따리를 이고 줄 서 있는 곳으로 다가왔다. 맨 앞에 서 있던 한 남자가 할머니를 보고는 자신의 앞에 서게 했다. 그 순간 뒤에서 "질서를 지킵시다. 질서를 지킵시다."라는 야유가 터져 나왔다. 그러더니 순식간에 줄이 흩어져 버렸고, 줄에서 이탈한 사람들은 너나 할 것 없이 버스 타기에 유리한 장소를 점하기 시작했다.

버스가 도착하자 서로들 먼저 타기 위해서 우르르 몰려갔다. 힘 있는 사람만이 먼저 탈 수 있었지, 할머니같이 나약하고 짐을 가지고 있는 사람은 탈 엄두도 내지 못하였다. 힘이 없는 할머니는 이리 밀리고 저리 밀리고 하다가 제일 나중에 타게 되었다. 좌석은 힘 있고 동작 빠른 사람들이 다 차지했기 때문에 할머니는 서 있을 수밖에 없었고, 차가 출발하자 힘없는 할머니는 몸을 제대로 가누질 못했다.

이것을 운전기사가 발견하고는 의자에 앉아 있는 젊은이에게 조용히 부탁했다.

"이봐요 젊은이, 자리 좀 할머님께 양보해 드리면 어떨까요?"

그러자 젊은이는 당당하게 대답했다.

"저도 멀리까지 가야 하기 때문에 서서 가면 피곤해요."

이것이 진정 질서인가? 할머니를 먼저 태워드리려는 것이 질서의 파괴인가? 절대적으로 따져보면 할머니가 한 행동은 새치기이지만, 인간의 도의상으로 따져보면 진정한 질서다. 몸이 약하신 분을 먼저 태워드리는 것, 진정으로 다급한 사람을 먼저 가게 하는 것, 어른을 공경하여 자리에 편하게 앉혀 드리는 것이 바로 인간의 세계에서 일어날 수 있는 진정한 질서이다.

이런 것을 무시하고 오직 줄서기만을 강요하는 질서는 동물의 세계에 가서나 찾아볼 일이다.

질서는 개인적인 욕구 - 자유와 이기심을 공공생활을 위하여 자제시킴으로써 모든 사람이 혼란과 불편 대신에 안정과 편리함 속에서 살아나가도록 하는 데 그 목적이 있다. 그렇기 때문에 질서는 그 과정보다도 목적이 우선되어야 하며, 절대적인 질서보다는 상대적인 질서가 되어야 한다.

위의 사례에서 절대적으로 줄서기만을 강요하는 질서보다는 연로한 할머니를 먼저 타게 하는 질서가 아름답고도 인간적인 도리인 것이다.

◆ ◆ ◆

무엇보다도 도덕에 벗어나지 않는 생활을 하라. 그것은 매우 곤란할지도 모르나 최후에는 가장 큰 기쁨을 줄 것이다.

_헨리 죠지

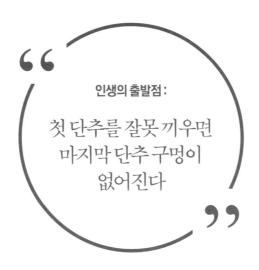

인생의 출발점 :

첫 단추를 잘못 끼우면
마지막 단추 구멍이
없어진다

세상에 던져진 모든 인생의 출발점은 동일한 선상이다. 그럼에도
불구하고 인생이 성공과 실패로 나뉘는 것은 출발점이 달라서가 아
니라 서로 가는 방향과 방법이 달랐기 때문이다. 그렇기 때문에 운
명을 탓하는 것은 변명이다.

　　출산 진통이 시작된 아내를 남편은 급히 병원으로 데리고 갔다.
　　아내를 안정시켜 분만실에 들여보내 놓은 그는 밖에서 순산이 되
　　기를 손꼽아 기다렸다.
　　분만실에 들어간 지 30분이 넘어도 소식이 없자, 그는 줄담배를
　　피워대면서 초조하게 기다렸다.

한 시간 후에야 간호사가 나왔다. 그는 간호사에게 달려가 다급히 묻기 시작했다.

"저, 아들인가요? 딸인가요?"

"공주님이에요."

그는 다시 물었다.

"아이는 정상인가요?"

"네, 정상이에요."

그때서야 그는 안심이 되는 듯 분만실로 들어갔다.

그렇다. 우리는 아이가 태어나면 '남자'아이냐 '여자'아이냐, 또 '정상'이냐에만 관심이 집중될 뿐, '대통령'이 태어났느냐 '사장'이 태어났느냐에는 관심이 없다. 대통령이 되고, 사장이 되고는 출생한 후 성장하는 과정에서의 관심일 뿐이다.

세상에 태어나 울음을 터뜨릴 때의 인간은 특권이나 불평등은 손톱만큼도 찾아볼 수 없이 벌거벗은 모습 그 자체이다.

그런데도 왜 성공한 인생과 실패한 인생으로 나뉘어지는 것일까? 그것은 인생의 목표로 가는 '방향'과 가는 '방법'이 다르기 때문이다. 즉 인생에는 수많은 길이 있기 마련인데, 그중에서 스스로 어느 길을 선택해서 가느냐에 따라 인생이 성공하기도 하고 실패하기도 하는 것이다.

성공한 인생을 위해서는 먼저 자신에게 맞는 옳은 길을 찾아야 하고, 옳은 길을 찾았으면 그 길을 가기 위해 좋은 땀을 투자해야 한다.

인생의 성공은 옳은 길을 찾은 자체로 성취되는 것이 아니라 그 길로 걸어 들어가는 데 있기 때문이다.

세상에는 옳은 길도 많지만 나쁜 길도 많다. 따라서 우리는 나쁜 길에 들어서지 않도록 한시도 늦추지 않고 경계하여야 하고, 불행하게도 이미 잘못된 길에 들어서 있으면 머뭇거림 없이 돌아 나와 새로운 길을 찾아야 한다.

인생을 실패로 모든 것은 잘못된 길에 들어선 것이 아니라 잘못된 길임을 알고도 계속해서 들어가는 데 있다.

◆ ◆ ◆

길을 잘못 들면 아무리 뛰어도 소용이 없다.

_ 서양 격언

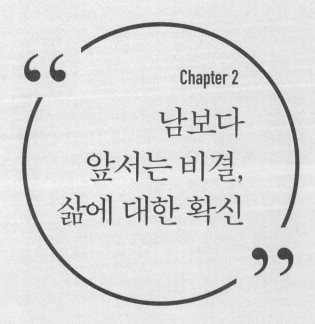

Chapter 2

남보다
앞서는 비결,
삶에 대한 확신

자신의 삶에 대한 확실한 믿음이 있어야 한다. 나를 스스로 살펴볼 줄 알면 나에게
무엇이 가치있고 무엇이 가치 없는가를 명확하게 구분할 수 있어서 나에게 가장 이
롭고 가치있는 것들을 보탤 수 있게 된다.

모든 소망 중에서 개인이 얻을 수 있는 것은 아주 일부분에 지나지 않는다.
그러나 재앙은 누구에게나 내린다는 점을 명심해야 한다.
소망을 제한하고, 욕망을 억누르고, 노여움을 억제한다는 것,
즉 한마디로 말해서 절제와 인내를 생활의 원칙으로 삼는다면
부유하고 권세가 있더라도 일신상의 비참을 면할 수 있을 것이다.

쇼펜하우어

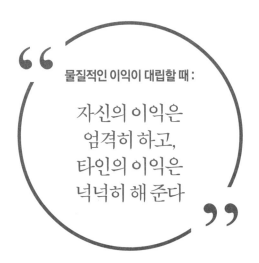

물질적인 이익이 대립할 때 :

자신의 이익은
엄격히 하고,
타인의 이익은
넉넉히 해 준다

대인관계를 원만히 유지하기 위해서는 반쯤 바보가 되어야 한다. 옳은 것을 보면 외면하는 대신 그른 것을 보면 오히려 호감을 갖고, 정확하게 하면 꼬장꼬장한 사람이라고 비웃는 대신 대충대충 넘어가면 좋은 사람이라고 칭찬하는 모순된 이기심까지 충족시켜야 하기 때문이다.

행동이 바르고 성격이 곧으며, 약속을 철저히 지키고 불의를 보면 참지 못하는 그야말로 성인군자 같은 풍모를 가진 사람이 있었다. 이와 같은 풍모를 가졌음에도 불구하고 그는 거만하게 굴거나 잘난 체하지 않았다. 그런데도 그에게는 친구가 없었다. 친구들에게 특별히 잘못한 것도 없고 기분 언짢게 대해 준 적도 없는데 친구들이 하나둘 떠나갔고, 새로운 친구도 생기지 않았다.

어느 날 그는 처세에 관한 책을 읽다가 '사람이 너무 잘잘못을 따지게 되면 대인관계에 실패한다'는 구절을 발견하게 되었다. 순간 그는 자신에게 친구가 없는 것은 자신의 행동이 너무나 곧고 정직하였기 때문이라는 것을 깨달았다.

그리하여 그는 자신의 행동을 바꾸기로 마음먹고 즉시 실행에 옮겼다.

약속이라면 철저하게 지키던 사람이 일부러 약속 시간을 어겼고, 다른 사람이 약속을 지키지 않으면 화를 냈던 것을 바꾸어 약속을 어겨도 화를 내지 않았다. 또 술을 먹고 술주정도 좀 부리고, 친구 돈도 꾸어서 모른 체하고 넘어가기도 하고, 불의를 보면 참지 못하던 사람이 친구로부터 조금 당해도 어리숙하게 참아 주면서 모든 행동을 전과는 반대로 했다.

이렇게 행동을 한 지 한 달 정도 지나자 친구가 하나둘 생기기 시작했다.

장사꾼에게 이익을 주어야 친구가 될 수 있고, 벌에겐 꿀을 주어야 친구가 될 수 있으며, 대인관계에서는 마음을 주어야 친구가 될 수 있다.

자신이 먼저 위해 주기 전에 상대방이 먼저 위해 주기를 바라고, 자신의 어려움에는 상대방의 도움을 받으면서 상대방의 어려움에는 무관심하고, 자신은 타인을 위해서 제대로 베풀지 않으면서 타인은 자신의 뜻대로 움직여 주기를 바라는 관계에서는 누구나 도망치고 싶어한다.

　대인관계에 있어 물질적인 이익의 대립은 서로를 떼어 놓는 역할을 하기 때문에 되도록 피하는 것이 좋다. 만약에 물질적인 이익이 대립한다면 자신의 이익은 엄격히 하고, 타인의 이익은 넉넉히 해줘야 대인관계가 손상되지 않는다. 자신의 이익을 챙기기에만 급급해하여 잘잘못을 시비하고 이익을 분명히 하게 되면 상대방은 자연히 등을 돌린다.

◆　◆　◆

물이 지극히 맑으면 고기가 없고, 사람이 지극히 살피면 친구가 없느니라.

_명심보감

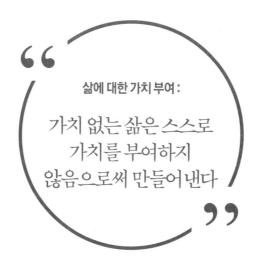

삶에 대한 가치 부여:

가치 없는 삶은 스스로
가치를 부여하지
않음으로써 만들어낸다

모든 것이 다 갖추어진 완벽한 삶 속에서만 삶의 즐거움을 맛볼 수 있는 것은 아니다. 완벽한 장면보다도 엔지 장면이 더 웃음을 자아내는 때가 있는 것처럼 삶의 즐거움은 불완전한 삶 속에서도 얼마든지 발견할 수 있다.

TV 광고를 만드는 회사에서 촬영해 온 필름을 가지고 편집 작업을 하고 있었다. 단 몇 초의 짧은 시간을 이용해서 최대의 광고 효과를 얻기 위해서는 많은 필름 속에서 NG 장면은 잘라내고 잘된 부분만을 모아서 작업을 해야 한다. 편집팀은 수십 번에 걸쳐 촬영해 온 필름 속에서 자신들이 기획했던 장면을 찾기 위해서 필름을 세밀히 훑어보기 시작했다. 더 잘된 장면을 찾기 위해서 정신 없이 보던 중 너무나 재미있는 NG 장면을 발견했다. 편집팀은 다른 장면을 보는 것은 제쳐 둔 채 그 장면만을 여러 번 되풀이해서 보았다. 그러다가 팀장은 문득 NG 장면을 이용해서 광고를 만들면 더 좋겠다는 생각을 떠올렸다. 그래서 그는 원래의 기획과는 상관없이 그 장면을 이용해 광고를 만들었다. 그리고 그 광고는 TV에 방영되자마자 폭발적인 화제를 모으며 큰 효과를 냈다.

삶 자체가 가치를 가져다주는 것은 아니다. 자신이 처한 삶과 환경에 먼저 가치를 부여해 주어야 거기에서 새로운 가치를 발견해 낼 수 있다. 그렇기에 황금궁전에 살면서도 삶의 즐거움을 느끼지 못하는 사람이 있는 것이고, 초가삼간에 살면서도 삶의 즐거움을 듬뿍 느끼면서 사는 사람이 있는 것이다.

좋은 환경에 처해야만 삶의 즐거움을 맛볼 수 있다는 어리석은 사고방식이 삶의 즐거움을 쫓아 버리는 이유이다. 황무지도 퇴비를 치고 가꾸면 옥토로 만들 수 있는 것처럼, 아무리 나쁜 환경에 처해도 그 환경을 감사히 받아들이고 가치를 부여하게 되면 삶의 즐거움과 가치를 얼마든지 맛볼 수 있다.

지루하고 가치 없는 삶은 환경 자체가 가져다주는 것이 아니라 스스로가 가치를 부여하지 않음으로써 만들어낸다. 자신이 처한 환경을 가치 없는 것으로 무자비하게 매도해 버려 가치를 부여하지 않기 때문에 삶이 지루하고 불만스러운 것이다.

우리는 이 세상에 태어난 자체로 이미 고통의 길에 접어들었다. 따라서 어떤 삶에든 초연해져야 한다. 고통 없는 삶은 희구하는 대신에 고통을 최소화하기 위해서 노력하고, 고통이 닥치면 내 삶의 일부분으로 생각하고 마땅히 받아들이는 태도를 가질 때 삶의 즐거움과 가치도 발견해 낼 수 있게 된다.

삶에서 고통을 제거하는 것은 그리 어려운 일이 아니다. 자신이 처한 상황이 그 어떤 것이든 가치를 부여해 주면 고통 대신에 즐거움을 발견해 낼 수 있다. 엄하고 힘든 군 생활에도 가치만 부여하면 사회생활에서는 도저히 맛볼 수 없는 즐거움과 가치를 발견할 수 있는 것이다. 하지만 군 생활을 힘들고 고통스러운 것으로 매도하여 가치를 부여하지 않으면 그 고통은 배가 되어 버린다.

직업에 귀천이 없듯 삶에도 귀천이 없다. 외형상 나누어지는 귀천 - 부와 빈, 행복과 불행은 어디까지나 그것을 보는 사람들의 편리한 구분일 뿐 본질적인 구분은 되지 못하며, 어느 삶에든 가치를 부여해 주고 거기서 다시 즐거움과 행복을 발견해 낸다는 것은 누가 뭐래도 가장 귀하고 가치있는 일이다.

◆ ◆ ◆

인생이 충분한 기쁨을 가져오지 않는다면, 그것은 오직 그대가 그대의 삶에 만족하지 못하고 있기 때문이다.

_톨스토이

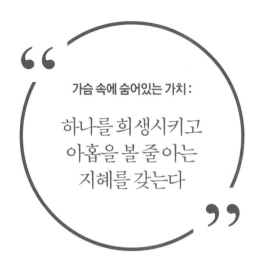

가슴 속에 숨어있는 가치:

하나를 희생시키고 아홉을 볼 줄아는 지혜를 갖는다

인간의 진실한 가치는 개개인의 가슴 속에 존재하는 것으로, 그 밖에는 존재하지 않는다. 따라서 한 인간을 진실하게 판단하기 위해서는 그와 연결된 불필요한 고리들을 차단하고 오직 독립된 인간으로 보아야 한다.

큰길가에 집이 한 채 있었다. 길가에 있는 집이라서 그런지 하루에도 몇 번씩 잡상인 등 쓸데없는 사람들이 찾아와 물건을 사라는 둥, 한 푼 보태달라는 둥 하면서 괴롭혔다. 이러한 행위가 하루 이틀도 아니고 매일같이 반복되자 참다못한 주인은 대문에 다음과 같은 문구를 빨간색 페인트로 크게 써 놓았다.

'개 조심. 물려도 주인은 일체 책임을 지지 않음'

위와 같은 문구를 써 붙여 놓은 이후로는 잡상인 등 필요 없는 사람은 들어오지 않았다.

우리는 하나의 행위를 보고 그 전체를 매도하고 경계하는 데 익숙해져 있다. 모든 개가 다 무는 것은 아님에도 불구하고 개는 무조건 경계해야 할 동물로 취급해 버리는 것이다. 물론 몇몇 개가 사람을 물기는 하나 몇몇 개의 행동을 모든 개로 확대해서 개를 무조건 경계해야 할 동물로 취급하는 것은 큰 착각이다.

사람을 판단하는 데도 위와 같은 사고방식이 개입된다. 모든 남자를 늑대나 사기꾼으로 모는가 하면, 경찰을 무조건 두려움의 대상으로 몰고, 사람을 집안을 들먹거려 매도해 버린다. 지극히 개인적이고 지극히 개성적인 인간인데도 모든 인간을 하나로 묶어서 매도해 버리는 것이다.

세상에서 100% 닮은 사람은 단 한 사람도 존재하지 않음에도 불구하고 전체를 매도하는 것은 너무나 불합리하다. 세상에는 나쁜 사람도 있지만 좋은 사람이 그보다 훨씬 많다. 물론 사기꾼 같은 남자도 있다.

늑대 같은 남자도 있지만, 선량한 남자가 그보다 훨씬 더 많다는 사실을 결코 무시해서는 안 된다.

하나를 보고 아홉을 희생시키지 말아야 한다. 그 피해를 바로 자기 자신이 받는다.

하나를 희생시키고 아홉을 볼 줄 아는 지혜를 가져야 하고, 한 사람의 잘못은 그 사람의 잘못으로 매듭지어져야 한다.

한 사람의 잘못을 그와 외부적으로 연결된 사람에게까지 연결시키는 도매식 판단은 한 인간을 진실과는 무관하게 매도해 버리는 뼈아픈 결과를 낳는다.

◆ ◆ ◆

가장 일반적인 착오는 모든 사람이 일정한 성격을 가진 것이라고 생각하는 데에 있다. 사람을 착한 사람, 악한 사람, 어진 사람, 어리석은 사람, 냉정한 사람 등등으로 분류하는 것은 착오이며, 죄악이다.

_**톨스토이**

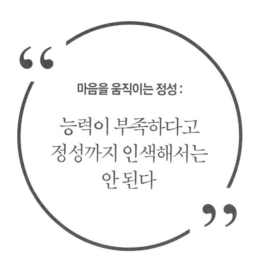

우리를 감탄케 하는 것은 모든 것에 앞서 정성이다. 그렇기에 값비
싼 돈을 주고 마련한 다이아몬드 반지보다도 정성을 다하여 손수 짠
털장갑이 아름다운 감정을 불러일으켜 마음을 움직이는 데는 더 나
은 것이다.

한 여성에게 어렸을 적부터 친하게 지내는 남자 친구가 있었다.
그녀는 결혼할 나이가 가까워지면서부터 그를 친구 사이를 뛰어
넘어 결혼 상대자로 여기기 시작했다. 그렇지만 그 남자 친구는
여전히 그녀를 친구 이상으로 대해 주지 않았다. 그래서 그녀는
밤이면 밤마다 어떻게 하면 남자 친구의 마음을 움직여 결혼할 수

있을까 하고 고민하였다. 그러던 끝에 종이학을 천 마리 접어서 남자 친구의 생일날 선물로 주어야겠다는 생각을 떠올렸다.

남자 친구를 생각하면서 한 마리 한 마리 정성스레 접은 학이 천 마리가 되었다. 그녀는 그것을 유리상자에 넣어서 남자 친구의 생일날 선물로 주었다. '여기에 담긴 학 한 마리 한 마리에는 당신을 생각하는 나의 마음이 들어있습니다.'라는 메모와 함께.

학 선물을 받으면 감동할 것이라는 그녀의 기대와는 달리 남자 친구의 반응은 냉담하기만 했다. 그리하여 그녀는 또다시 짝사랑의 서러움을 느껴야 했다.

그러한 일이 있은 지 한 달 후, 그녀의 남자 친구는 우연한 기회에 종이학을 접어 볼 기회가 있었다. 옆에서 가르쳐 주는 대로 접어 보았지만, 평소에 생각했던 것과는 달리 쉽지 않았다.

한 마리의 학을 접는 데도 생각보다 많은 시간과 정성이 필요했다. 순간 그는 여자 친구로부터 받은 천 마리의 학을 떠올렸고, 천 마리의 학을 접을 만큼의 정성에 감복해 여자 친구에게 사랑을 고백하였다.

인간에게 혼이 있듯 모든 사물에도 혼이 있다. 따라서 숨 쉬지 않는 사물이라고 해서 대충대충 취급하거나 정성을 들이지 않아도 된다는 생각을 가져서는 안 된다. 잘잘못을 따지기보다 정성을 들였느냐 들이지 않았느냐가 그것을 받아들이는 쪽에서는 중요하게 생각하기 때문이다.

어떤 사물에 정성을 들이는 것은 그 사물에 생명을 불어넣는 것과 같고, 생명이 있는 사물이 상대방에게 전달되었을 때 감동을 불러일으켜 마음을 움직이는 것은 당연하다.

능력이 없다고 해서 정성까지 인색하게 굴어서는 안 된다.

능력이 부족해서 잘하지 못하는 것은 어쩔 수 없는 일이지만 그렇다고 정성까지 들이지 않는 것은 최소한의 도리도 하지 못하는 것이다.

100일 기도가 이루어지는 것은 기도의 내용에 대한 보답이 아니라 100일 동안 하루도 빼놓지 않고 기도를 하는 그 정성에 대한 신(神)의 보답이다. 따라서 그 어떤 일에든 100일 기도를 한다는 태도로 정성을 싣는다면 훌륭한 보답을 얻어낼 수 있을 것이다.

◆ ◆ ◆

주는 태도가 주는 물건보다 더 중요하다.

_P. 코르네이유

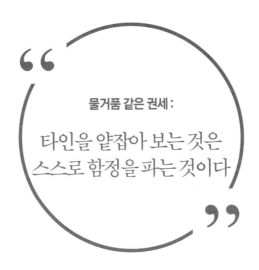

물거품 같은 권세 :

타인을 얕잡아 보는 것은
스스로 함정을 파는 것이다

한 치 앞을 내다볼 수 없는 것이 우리 인생이다. 오늘 위기에 처해 있다가도 내일은 더 좋은 상황으로 변할 수 있고, 오늘의 좋은 상황이 내일은 위기 상황으로 치달을 수 있음을 배제할 수 없는 것이 우리의 인생인 것이다.

거미가 먹이를 잡기 위해서 거미줄을 열심히 치고 있었다. 그때 어디선가 파리 한 마리가 날아와서는 거미를 약 올리기 시작했다. "당신은 참 불쌍하군요. 먹고 싶은 음식을 손수 잡아먹는 대신에 그 거미줄에 걸려드는 먹이만 먹어야 하니 말이에요. 저는 날개가 있어서 아무 곳에나 날아가서 맛있는 음식들만 챙겨 먹지요."

은근히 약이 오른 거미가 파리에게 대꾸했다.

"그래요. 나는 맛없는 음식들만 먹고 살 테니 당신이나 맛있는 것 많이 잡아드시고 살이나 포동포동 찌워 놓으세요. 그래야 내가 잡아먹으면 맛있을 테니까요."

이 말을 들은 파리는 화가 치밀어 또다시 빈정거리기 시작했다.

"이 바보야. 어떤 멍청한 곤충이 그런 거미줄에 걸려드냐. 봉사라면 몰라도. 그리고 걸리면 힘을 이용해서 빠져나오면 되지, 그렇게 가는 줄에 걸렸는데 못 빠져나오니?"

더 이상 대꾸해 보았자 입만 아프겠다고 판단한 거미는 두고 보자고 다짐하고는 아무런 대꾸도 하지 않았다.

거미와 헤어진 파리는 가고 싶은 곳에 마음대로 날아가서 맛있는 먹이들을 마음껏 먹었다.

그러던 어느 날 파리는 맛있는 하루살이를 발견하고는 그를 잡아먹기 위해서 정신없이 따라가기 시작했다. '네가 도망가면 어디까지 도망가겠냐' 하면서 여유를 부리며 따라가던 파리가 그만 거미줄에 걸리고 말았다. 그런데 그 거미줄은 자신이 며칠 전에 약 올렸던 그 거미가 쳐 놓은 것이었다. 눈앞이 캄캄해진 파리는 있는 힘을 다해서 발버둥을 쳐 보았지만, 도저히 빠져나올 수가 없었다. 거미줄에 걸린 파리가 빠져나가기 위해서 발버둥을 치고 있을 때 주인인 거미가 어슬렁어슬렁 걸어 나왔다. 며칠 전 자신을 약 올렸던 그 파리가 걸린 것을 확인한 거미는 파리에게 말했다.

"어디 장담하신 대로 하찮은 거미줄에서 빠져나가 보시죠."

위기를 느낀 파리는 거미를 보고는 싹싹 빌면서 살려 줄 것을 호소했다.

"거미님, 저는 먹여 살려야 할 식솔이 있는 몸입니다. 제가 죽으면 저의 식솔들은 모두 굶어 죽습니다. 다시는 약 올리지 않을 테니 딱 한 번만 용서해 주세요. 그러면 제가 맛있는 먹이들을 매일 구해다 드리겠습니다."

파리가 울면서 사정했으나 거미는 자신이 당했던 지난날의 일을 생각하고는 훗날 먹기 위해서 거미줄로 꽁꽁 묶어서 창고에 넣어버렸다.

이 세상에 나보다 미천한 것이나 얕잡아 볼 존재는 하나도 없다. 하찮다고 생각하는 것이, 또 웅크리고 있는 것이 나보다 약한 존재라고 생각하는 것은 어리석다.

호랑이가 몸을 웅크리는 것은 두려움을 느끼기 때문이 아니라 무엇인가를 향해 공격하기 위해서이다. 태권도나 유도의 고단자가 하찮은 싸움에는 기술을 사용하지 않는 것은 더 큰 싸움에 대비하기 위해서이다.

이렇듯 활개 치는 존재보다는 조용히 있는 존재가 더 무서운 존재가 될 때가 있음을 알아야 한다.

유리한 상황이 지속되리라 믿고 타인들을 얕잡아 보는 것은 스스로 함정을 파는 것이다. 그러한 대가가 어떤 것인가는 동물의 세계를 볼 필요는 없고 우리의 주위를 보면 된다. 돈이 많다고 떵떵거리며 살던 사람이 하루아침에 빚쟁이로 몰려 도피 행각을 버리고, 천하를 호령했던 권력이 하루아침에 수갑을 차고 철장 속에 갇혀 버리는 사건들이 우리 눈앞에서 펼쳐지고 있다.

우리가 가진 것 중에서 영원한 것은 하나도 없다. 우리가 가지고 있는 것은 언제 이슬처럼 사라질지 모른다.

대단하다고 여기면서 무자비하게 휘두르고 있는 힘도, 돈 많다고 떵떵거리는 그 으스댐도 언제 역으로 당할지 모르는 것이다. 따라서 반대의 상황이 되었을 때 역으로 당하기를 원치 않는다면 상대방에게 으스대거나 얕잡아보는 행위를 그만두어야 하고, 약자로 전락하였을 때 떳떳이 몸을 내놓으려면 강자의 위치에 있을 때 몸을 도사려 놓아야 한다.

◆　◆　◆

복이 있다 해도 다 누리지 마라. 복이 다하면 몸이 빈궁해진다. 권세가 있다 해도 함부로 부리지 마라. 권세가 다하면 원수와 서로 만나게 되느니라.

_명심보감

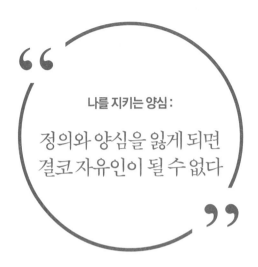

작은 것을 얻은 대가로 큰 것을 잃고도 미소를 머금는 어리석은 자가 되지 않기 위해서는 이익을 떠나 정의의 편에 서야 한다.

정의가 설 자리를 잃고 권력자와 돈 있는 자의 손에 농락당하는 것은 작은 이익에 눈이 멀기 때문이다.

조용하기만 했던 어느 산골 동네 부근에 희귀석이 매장되어 있다는 것이 알려지자, 광산업자가 거대한 기계들을 들여와서 채굴하기 시작했다. 다이너마이트 터지는 소리와 돌 자르는 소리는 하루도 거르지 않고 골짜기 전체를 소음의 도가니로 몰아넣었다. 이러한 소음은 고요함 속에서만 생활했던 산골 사람들에게는 엄청난 소음이었다. 이 소음 때문에 어린아이들이 잠을 이루지 못하는가 하면 다이너마이트가 터질 때면 가축들까지도 깜짝깜짝 놀라기 일쑤였다.

견디다 못한 마을 사람들은 광산철거 데모를 대대적으로 벌이기 시작했다. 그러자 광산업자는 비포장도로인 기존의 도로를 넓게 확장해서 포장해 주고, 마을 사람들을 위하여 버스도 한 대 마련해주겠다고 약속했다. 그리고 광산업자는 이 약속을 곧바로 실행에 옮겼다.

광산업자의 이러한 선심 공세에 사생결단을 내겠다는 각오로 데모를 벌이던 마을 사람들은 조용해졌다. 그러나 광산업자의 선심에 소음 자체가 사라진 것은 아니었다. 눈앞의 선심에 현혹되어 자신들의 권리를 빼앗긴 마을 사람들은 요란한 소음 속에서 괴로운 나날을 보내면서도 하소연 한마디 하지 못했다.

울부짖다가도 먹을 것을 던져 주면 조용해지는 동물들처럼, 조그만 이익을 던져 주면 최소한의 자존심조차 벗어던지고 자신의 목소리를 죽이는 인간이 되어서는 안 된다. 만물의 영장인 인간이 아무리 이익이 다급하다 하더라도 동물들처럼 가치 없는 행동을 해서는 안 되는 것이다.

우리에게 선심으로 베풀어지는 이익은 낚싯바늘에 낀 미끼와 같은 것일 뿐 이익 전체는 아니다. 낚싯바늘에 미끼를 다는 것이 고기를 잡기 위해서인 것처럼, 우리에게 베풀어지는 작은 이익이나 선심

속에는 그것을 미끼로 하여 더 큰 이익을 챙겨 가려는 흑심이 반드시 숨어있다.

당장 눈에 보이는 이익만 가치있는 것은 아니다. 눈앞에 보이는 이익이 당장은 크게 보일지 몰라도 최후에는 정의와 양심만이 가장 큰 이익을 가져다준다. 그러므로 정의와 양심은 어떠한 일이 있어도 팔지 말아야 한다. 그것을 파는 순간, 자신의 존재는 없어지는 것이고, 자신의 목소리는 가슴속에 묻어 두어야 한다.

우리를 진정한 자유인으로 만드는 것은 정의와 양심뿐이다. 정의와 양심을 잃지 않으면 철창 속에 갇혀있어도 자유인이 될 수 있지만, 정의와 양심을 잃으면 거리를 자유롭게 활보해도 자유인이 될 수 없다.

◆ ◆ ◆

당장 눈을 즐겁게 해 주고 마음을 기쁘게 해 주는 것을 어리석은 사람은 크게 이득을 본 것으로 여긴다. 그러나 깨우친 사람은 그런 것을 물리친다.

_회남자

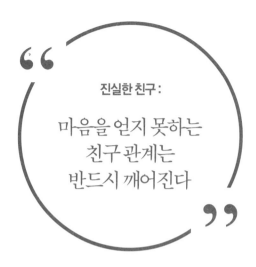

진실한 친구:

마음을 얻지 못하는
친구 관계는
반드시 깨어진다

가장 단명으로 끝나는 교제는 목적이나 이기심이 개입된 교제이다. 따라서 진실한 친구를 얻기 위해서는 마음 이외에는 아무것도 주지 말아야 한다.

환심을 사기 위해서 물질적인 공세를 취하는 것은 오히려 친구를 멀리 도망가게 하는 것이다.

고등학교 졸업 후 대학에 가는 것을 포기하고 일찌감치 사업에 뛰어든 사람이 있었다.

사업 수완이 남달랐던 그는 열심히 노력한 결과 남부럽지 않은 중소기업의 사장이 되었다. 그래서 그의 주머니는 돈이 늘 풍부했고, 돈 씀씀이에도 인색하지 않았다. 그런 그의 곁에 친구들이 많이 몰렸다.

인색하게 굴지 않는 자신에게 친구들이 많이 따르자 그는 더욱더 열을 올려 돈 쓰는 일에 앞장섰다. 술값을 내는 것은 언제나 그였고, 동창회나 여러 모임에서 돈 쓰는 일도 그가 도맡아 했다. 그는 술좌석에만 앉으면 "세상은 돈만 있으면 못할 것이 없다."라고 우쭐대며 언제나 돈 자랑을 늘어놓았다.

그러던 어느 해 갑자기 수출이 중단되면서 그의 회사가 위기에 몰렸다. 창고에는 재고가 늘어갔고, 종업원들도 하나둘 회사를 떠났다. 결국 회사는 누적되는 재고와 융자금을 갚지 못해서 부도의 위기에 몰리게 되었다. 하지만 그는 자신이 지난날 친구들에게 베풀어 둔 것이 있었기 때문에 돈을 빌리는 것은 쉬운 일일 것이라며 낙관을 했다.

그는 자신이 평소에 잘 대해 주었던 친구들에게 전화해서 돈 좀 빌려 달라고 부탁을 했다. 그러나 친구들은 하나같이 돈이 없다며 이 핑계 저 핑계를 들어 거절했다. 그러자 그는 은행에서 대출을 받을 생각으로 부동산을 가지고 있는 친구들에게 담보를 제공해 달라고 부탁했지만, 역시나 거절당했다.

친구들로부터 냉정하게 거절당한 그는 "자식들 말이야, 내가 그렇게도 잘해 줬는데 나를 배신해. 그래 너희들 두고 보자."라며 분을 삭일 수밖에 없었다.

그러나 그렇게 한다고 해서 회사의 부도가 막아지거나 해결되는 것은 아니었다.

부도를 막지 못한 그는 회사는 물론 사는 집까지 내주고 단칸짜리 방에서 살아야 했다. 그가 그렇게 어려운 생활을 하고 있는데도 도와주는 친구는 아무도 없었다.

세상의 모든 일이 돈이면 다 된다는 말은 터무니없는 낭설이다. 돈으로 해결되지 않는 '인간의 마음'이 있기 때문이다.

위의 예화에서 중소기업 사장이 자신의 친구들로부터 배신 아닌 배신을 당한 것은 친구도 돈으로 얻을 수 있다고 착각하고 돈 쓰는 일에만 정신을 집중시켰을 뿐 마음을 얻으려고는 하지 않았기 때문이다.

마음을 얻지 못한 친구 관계는 반드시 깨어진다. 겉으로 친한 체해 주고 충성하는 척해도 마음을 얻어 놓지 않으면 결정적인 순간에 가서는 배신해 버리고 만다.

친구를 얻기 위해서는 모든 것을 떠나서 첫 번째로 마음을 얻어 놓아야 한다. 마음만 얻어 놓으면 장벽이 가로막고 있어도 서로 통하지만, 마음을 얻어 놓지 못하면 눈을 마주 보고 있어도 서로가 통하지 않는다.

사랑하는 연인들이 서로 자유로움에도 불구하고 끈끈하게 붙어있는 것은 서로 마음을 얻어 놓았기 때문이며, 그들 스스로 마음을 잃지 않는 한 총 칼로도 그들 사이를 갈라놓지 못한다. 그러나 결혼했어도 상대 배우자와 마음을 얻어 놓지 못하면 그들 스스로 이혼을 택한다.

가장 확실하게 마음을 얻는 방법은, 이기심이 끼지 않는 순수한 마음을 이용하여 나를 친구의 가슴 속에 정신적 지주로 심어 놓는 것이다.

정신적 지주로 심어 놓으면 내가 있는 장소도, 내가 처한 상황도, 나의 생사 여부도 문제 삼지 않고 따라주며, 좋은 상황에 놓여 있을 때보다도 나쁜 상황에 처해 있을 때 더 적극적으로 따라주고 믿어주며 도움을 주게 된다.

◆ ◆ ◆

이익을 주기 때문에 친구가 되기 시작한 자는 이익을 얻지 못하면 달아날 것이다.

_세네카

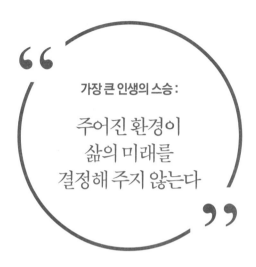

　자신이 처한 환경을 유리한 쪽으로 이용해야 한다. 자신이 위대해
지느냐 비소해지느냐는 자신이 처한 환경에 의해 지배되는 것이 아
니라, 그 환경을 얼마나 자신에게 유리한 쪽으로 이용하느냐의 여부
에 따라 좌우된다.

　어려서 부모를 잃은 고아가 있었다. 그는 이것저것 가리지 않고 돈
을 벌 수 있는 일이라면 무엇이든 다 하면서 하루하루를 지냈다.
　15살 때 대입고사가 있던 날 그는 돈을 벌기 위해 대학교 정문 앞
에서 시험을 마치고 나오는 수험생들에게 답안지를 팔고 있었다.
　한참을 정신없이 팔고 있는데, 그 대학의 수위가 나와서 다른 곳

으로 가라고 쫓았다. 그는 잠깐 피했다가 수위가 들어가자 다시 정문 앞으로 갔다. 그러자 또 수위가 나와서 쫓아냈고, 그러기를 몇 번, 수위는 아예 그곳에 지켜 서서 접근하지 못하도록 감시했다. 수위의 야속한 행동에 그는 대학 정문을 바라보며 이를 악물었다. '열심히 공부해서 이 대학의 교수가 되어 이 정문을 당당히 들어가리라.' 그 후 검정고시로 초, 중, 고등학교 과정을 통과한 그는 대학교에 장학생으로 입학했고, 대학 졸업 후 국비 유학까지 가게 되었다. 유학을 마치고 돌아온 그는 그 대학의 교수가 되었고, 그리하여 떳떳하게 정문을 드나들었다. 훗날에 이 이야기의 주인공인 모 교수는 '가난은 나에게 가장 큰 인생의 스승이었다' 라고 회고했다.

얼핏 생각하면 좋은 환경에서 성장한 사람이 성공을 더 많이 하고 올바른 삶을 살아갈 것 같지만, 좋지 못한 환경 속에서 성장한 사람도 그에 못지않게 성공하고 올바른 삶을 살아간다. 그것은 성공자와 실패자가 나오는 확률은 어느 환경에서나 같고 그것을 결정해 주는 것도 환경 자체가 아니라 그 환경을 받아들이는 자가 어떻게 그것을 이용하느냐에 달려있기 때문이다.

모든 이들에게 환경(상대적 환경을 의미함. 절대적 환경은 동일하게 주어짐)이 다르게 주어지는 것은 사실이지만, 그것이 우리의 인생을 결정 지어 주는 절대적인 것은 아니다. 부잣집에서 태어난 사람은 모두 잘되고, 가난한 집에서 태어난 사람은 모두 못 되는 것이 아니라는 사실이 이를 증명한다.

환경은 그저 머물러 있을 뿐 그것이 우리 인생에 적극적으로 관여하여 편(성공자와 실패자)을 가르는 것은 아니다. 편을 가르는 것은 그 환경에 처한 당사자의 의지이며, 어느 누구도 자신의 의지와는 무관하게 환경에 질질 끌려다니다가 성공자와 실패자가 되는 것은 아니다. 따라서 좋은 환경 속에서 성장한 사람이 성공했다면 그것은 환경 덕택이 아니라 스스로의 노력일 뿐이고, 좋지 못한 환경 속에서 성장한 사람이 실패했다면 그것은 환경의 혹독함 때문이 아니라 스스로의 노력이 부족했을 뿐이다.

모든 환경(좋은 환경이든 좋지 못한 환경이든)은 두 갈래의 힘을 암시해 준다. 똑같은 고아라도 위의 실화에서처럼 교수가 되는 사람이 있는가 하면 불량배가 되는 사람도 있고, 똑같은 소아마비에 걸렸어도 미국의 루스벨트처럼 대통령이 되는가 하면 거리를 떠돌아다니는 거지가 되는 사람도 있는데, 이것은 환경으로부터 나오는 두 갈래의 힘을 얼마나 자신에게 유리한 쪽으로 이용했느냐의 차이에서 비롯된다.

◆ ◆ ◆

하느님이 너에게 남보다 유다른 시련을 주시는 것은 너를 남보다 유다른 인물로 만들기 위한 것이다.

_안현필

94

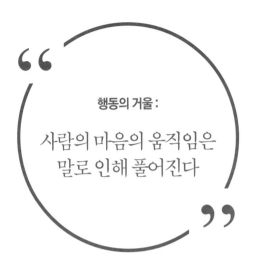

행동의 거울 :

사람의 마음의 움직임은
말로 인해 풀어진다

말[言]과 행동은 자동차의 앞뒤 바퀴의 관계와 같아서 말이 가는 곳에 행동도 따라간다. 따라서 말이 성공적이면 행동도 당연히 성공적이고, 버릇없는 행동은 버릇없는 말로부터 시작된다.

대학교 때 미팅으로 만나서 그동안 친구처럼 지내다가 결혼한 신혼부부가 있었다.

이들은 결혼하고서도 결혼 전과 마찬가지로 반말을 하면서 친구처럼 생활했다 주위 어른들의 주의가 있었지만 좀처럼 고치질 못했고, 반말을 하는 것만큼 행동도 조심성이 없었다.

이들도 여느 커플처럼 종종 다투기도 했는데, 그럴 때마다 불손한 말과 행동을 서슴없이 했다. 이래서는 안 되겠다고 생각한 남편이 부인에게 조용히 제안했다.

"우리 이대로는 안 되겠어. 서로 반말을 하니까 행동도 경솔해지는 것 같고 서로가 존경심도 없는 것 같아. 그러니 앞으로는 서로 존댓말을 쓰기로 하지."

이 제안에 아내도 동의했고, 곧바로 실행에 옮겼다. 존댓말을 하는 것이 처음에는 어색하였고, 또 존댓말을 하다가 반말이 튀어나오기도 했지만 둘은 서로 노력했다.

서로 존댓말을 하면서 생활한 지 한 달 정도 지나자 존댓말을 하는 것에 어느 정도 익숙해졌다. 존댓말이 익숙해지는 가운데 여러 가지 행동도 신기할 만큼의 변화를 가져왔다. 경솔하던 행동이 공손해졌고, 서로 존경심이 솟아나 말다툼을 벌이는 일이 거의 없어졌다.

말다툼이 일어나도 서로 존댓말을 하였기 때문에 오래 가지 않았고, 또 남들에 대하여도 품위를 유지할 수 있었다.

"빨리 밥 먹어!"라고 소리치는 것과 "식사 준비되었으니까 식사하세요."라고 공손하게 말하는 것과는 하늘과 땅 차이가 난다. 단순히 말의 의미에서만 차이가 나는 것이 아니라 행동에서도 차이가 날 수밖에 없다.

말은 행동을 거느리는 안내자이다. 따라서 말이 공손하면 행동도 공손하고 말이 거칠면 행동도 거칠며, 말이 느리면 행동도 느리고 말이 빠르면 행동도 빠르다. 또 말에 힘이 있으면 행동도 기운차고 말에 힘이 없으면 행동도 힘이 없으며, 언성이 높아지면 심기가 불편해지고 언성이 차분해지면 심기도 가라앉는다.

행동을 바로잡기 위해서는 말부터 바로잡아야 한다. 말만 바로잡으면 힘들여 노력하지 않아도 행동은 자연스럽게 바로잡히며, 말을 바로잡지 않고서 행동을 바로잡는 것은 불가능한 일이다. 공손하게 말하는 자 중에 불손한 행동을 하거나 과격한 행동을 하는 이 없고, 거칠게 말하는 자 중에 공손한 행동을 하거나 온순한 행동을 하는 이는 없다.

◆ ◆ ◆

사람의 마음의 움직임은 말로 말미암아 베풀어진다. 그러므로 말함에 있어 급하고 망녕되지 않게 하면 마음도 따라서 안정된다.

_정이

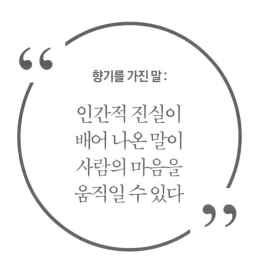

향기를 가진 말:

인간적 진실이
배어 나온 말이
사람의 마음을
움직일 수 있다

향기와 아름다움을 가진 말만이 인간의 마음을 감동시킬 수 있고 움직일 수 있다. 반면에 추하고 구린내 나는 말은 인간의 마음을 감동시키기는커녕 모욕감만 불러일으킬 뿐이고, 상대방에게 마음의 문을 더욱더 굳게 잠그도록 부추긴다.

기말시험이 며칠 앞으로 다가왔다. 여러 과목 중에 헌법의 시험 범위가 너무나 광범위하였기 때문에 학생들은 어디서부터 어떻게 공부를 시작해야 할지 갈피를 잡지 못하고 있었다. 그러자 강의를 시작하려고 할 때 한 학생이 퉁명한 어조로 말했다.

"교수님, 중요한 것 몇 개만 찍어 주세요."

그 말을 들은 교수는 "찍어줘, 찍어줘." 하면서 그 학생을 노려보다가 대꾸도 하지 않은 채 강의를 진행했다.

학생들은 강의 내용보다는 시험에 관한 무슨 정보가 없을까 하고 기대를 하고 있었다. 그러나 교수는 학생들이 기대하고 있는 시험에 관한 정보는 한마디도 하지 않은 채 강의를 이어 갔다. 학생들의 속이 타는 가운데 강의는 끝났고, 교수는 "수고들 했다."라며 강단에서 내려왔다. 그때 다른 학생이 교수님에게 공손한 태도로 말했다. "교수님, 시험 범위가 너무 광범위해서 어떻게 시험 준비를 해야 할지 망설여집니다. 그러니 중요하다고 생각되는 것이 있으면 좀 골라 주셨으면 감사하겠습니다."

같은 말이라고 해서 그것이 상대방에게도 똑같은 의미로 전달되는 것은 아니다. 똑같은 재료와 연장을 사용해서 만들어도 목수의 기술에 따라 다른 작품이 나오는 것처럼, 말을 전달하는 수단과 방법에 따라 의미가 뒤바뀔 수도 있다. 그러므로 퉁명한 사과가 부드러운 설득보다 못하고, 비아냥거리는 칭찬이 진심 어린 충고보다 못하며, 같은 말을 하고서도 뺨을 얻어맞는가 하면 키스를 선물 받기도 하는 것이다.

말은 삶을 살아나가는 최고의 도구이다. 이 도구를 어떻게 사용하느냐에 따라서 자신이 유리해질 수도 있고 위기에 몰릴 수도 있다. 말의 위력은 말 자체의 의미에 의해서보다도 말하는 기술에 의하여 좌우된다. 미묘한 감정을 가진 인간들은 말하는 사람의 전체적인 분

위기를 고려하여 말의 의미를 받아들이지 단순히 말 자체의 의미에만 국한하여 받아들이는 것은 아니기 때문이다.

말은 향기와 아름다운 색깔을 가지고 있어서, 아무리 좋은 말이라 하더라도 그 말에 향기와 아름다움이 포함되어 있지 않으면 그것을 받아들이는 상대방은 감동하지 않는다. 그러나 충고의 말이라도 그것에 인간적인 진실이 실린 향기와 아름다움이 있으면 상대방은 감동되어 흔쾌히 받아들인다.

말에 향기를 더하고 아름답게 하기 위해서는 그 말에 인간적인 진실을 실어야 한다. 말의 의미뿐만 아니라 육체적 표현의 일치, 즉 눈, 표정, 입, 손짓, 발짓 등에서도 인간적인 진실이 배어 나와야 한다. 인간적 진실이 배어 나온 말은 원수 - 적의 마음도 움직일 수 있고 천 냥 빚도 능히 갚을 수 있지만, 거짓과 술수로 위장되어 있어서 추한 모습과 함께 구린내를 내고 있는 말은 최소한의 효과도 거둘 수 없다.

◆ ◆ ◆

진심에서 나오는 말만이 사람의 마음을 움직일 수 있고, 밝은 양심에서 나오는 말만이 사람의 마음을 꿰뚫는다.

_윌리엄 펜

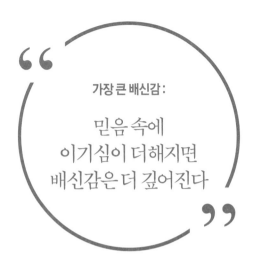

가장 큰 배신감:

믿음 속에
이기심이 더해지면
배신감은 더 깊어진다

조심하던 발이 헛디뎌졌을 때보다도 믿었던 발이 헛디뎌졌을 때 더 큰 상처를 입는 것처럼, 믿었던 사람으로부터 당하는 상처가 더 깊게 남는다. 그렇기 때문에 가장 친했던 사람과 결별하면 가장 무서운 적이 되고, 가장 사랑했던 사람과 이별하면 가장 증오하는 사이가 되는 것이다.

한 병실에 암에 걸린 두 명의 환자가 입원하고 있었다. 한 사람은 모 종교의 포교자였고, 다른 한 사람은 평생 농사만 지은 농부였다. 이들은 말기의 암이었기 때문에 좁은 병실에서 죽을 날만을 기다리고 있었다.

죽음을 얼마 남기지 않은 이들의 행동은 서로 대조적이었다. 농부는 초연한 태도로 명상을 하면서 죽음을 맞이할 준비를 하는 데 반해, 종교의 포교자였던 사람은 그가 믿던 교주를 저주하는 기도를 매일 했다.

"당신은 배신자입니다. 내가 그토록 정성을 다해 섬겼건만 당신은 나에게 죽음을 내렸습니다. 나는 당신을 저주합니다."

저주의 기도는 하루도 거르지 않고 계속되었으며, 죽음의 날이 다가올수록 저주의 기도는 더욱더 광란해졌다.

강한 믿음이 강한 배신을 낳고, 믿음의 강도가 깊을수록 배신감도 증대된다. 또 철저하게 믿었던 사람으로부터 배신을 당하게 되면 믿지 않았던 사람으로부터 당하는 배신감보다 더욱더 치욕적이고, 골 깊은 원한 관계는 별 관심이 없었던 사이에서가 아니라 친분이 있었던 관계 사이에서 생긴다.

믿음 속에 이기심이 추가되면 될수록 배신감은 더 깊어진다. 강한 배신감은 강한 이기심에서 비롯되며, 자신이 강하게 바라던 이기심이 충족되지 못하고 가치 없이 사라질 때 배신감은 고개를 쳐든다. 따라서 어떤 일에 대하여 강한 배신감을 느꼈다면 그것은 지나친 이기심을 품었다는 증거가 된다.

배신감으로부터 해방되기 위해서는 믿음에 있어 이기심을 가지지 않아야 한다. 아무리 믿었다 하더라도 그 믿음에 이기심이 추가되지 않았다거나 대가를 바라지 않았었다면 배신감은 섣불리 끼어들지 않는다.

자신이 믿은 자체로서만 만족할 뿐 상대방으로부터 아무것도 바라지 않는 마음에 배신감이 끼어들지 않는 것은 너무도 당연하다고 할 수 있겠다.

자식들의 불효 속에서도 부모들이 배신감을 가지지 않고 오히려 자식 잘되기만을 소원으로 삼는 것은 자식을 키울 때 그 자식으로부터 그 어떤 대가도 바라지 않았기 때문이다. 만약에 큰 대가를 바라고서 자식을 키웠다면 그 자식이 성장하여 불효할 경우, 아무리 부모라 해도 강한 배신감을 가지게 될 것이다.

◆ ◆ ◆

은혜는 베푸는 사람의 마음에 따라 평가되는 것, 그것을 베푸는 데 있지 않고 그 마음가짐에 있다.

_세네카

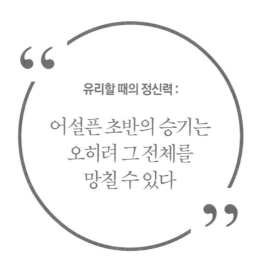

어설픈 초반의 승기는 오히려 그 전체를 망칠 수 있다

상대방보다 유리한 입장일 때 더욱더 최선을 다해야 한다. 유리한 입장에서 오히려 당하는 것은, 내가 안도하고 있는 순간에도 상대방은 나를 이기기 위해 젖 먹는 힘까지 동원해 가면서 죽기 아니면 까무러치기로 덤벼들고 있다는 것을 제대로 알아채지 못하기 때문이다.

농구가 겨울 스포츠의 꽃이었던 때 일이다. 농구대회가 열리고 있었는데, 라이벌끼리의 경기였기 때문에 팬들의 관심을 모았고, 그리하여 관중들도 엄청나게 들어왔다. 그러나 막상 경기를 시작하고 보니 라이벌이었던 두 팀 간의 경기가 일방적인 게임으로 흘러 전반전을 마친 결과 점수 차는 무려 30점이나 되었다. 일부 실망한 팬들은 후반전은 보지도 않은 채 경기장을 빠져나갔다.

30점을 앞섰던 A팀은 후반전에 임하면서 주전 선수를 모두 빼고 2진 선수들을 기용했다. A팀은 2진 선수들로 경기를 끌고 가다가 점수 차가 좁혀지면 그때 다시 주전 선수를 기용하겠다는 전략이었다. 한편 30점을 뒤지고 있던 B팀은 역전승을 거두겠다는 굳은 각오로 주전 선수들을 모두 투입해서 총력전을 펼칠 작정이었다.

후반전이 시작되었다. A팀은 지공 작전을 벌이면서 소극적으로 나왔고 B팀은 적극 공세를 펼쳤다. 2진 선수들을 투입한 A팀은 작전이 맞지 않아 잦은 미스플레이를 냈다. 그것을 B팀은 놓치지 않고 착실히 점수로 연결해서 후반전 시작한 지 5분 정도 되었을 때 15점 차까지 따라붙었다. 점수 차가 점점 좁혀지면서 B팀 선수들의 사기도 더불어 올라갔고, 자신감을 얻은 선수들은 몸에 날개가 달린 듯 펄펄 날면서 코트를 누볐다.

한편, 순간에 15점 차까지 추격당한 A팀의 감독은 당황한 나머지 다시 주전 선수로 교체했다. 그러나 주전 선수들도 B팀의 불을 뿜어내는 듯한 공격을 막아내기에는 역부족이었다. A팀은 수시로 작전을 바꿔가며 경기에 임했지만, 선수들조차도 당황해서 미스플레이만을 거듭했다. 이러한 추세는 계속 이어졌고, 결국 B팀의 역전승으로 막을 내렸다.

얼핏 생각하면 유리한 상황에 있을 때보다도 불리한 상황에 놓여 있을 때 더 많이 당하는 것 같지만 사실은 그렇지 않다. 꼬불꼬불한 길에서보다는 반듯한 길에서, 비포장도로에서보다는 포장도로에서 교통사고가 더 나는 것처럼, 불리한 상황에 있을 때보다도 유리한 상황에 있을 때 방심하다가 더 많이 당한다.

불리한 상황에 있을 때 허점을 찔리는 것보다도 유리한 상황에 있을 때 허점을 찔리면 더 치명적인 상처를 받는다. 농구 경기에서 수비 상태에서 공격을 받을 때보다도 공격해 들어가다가 가로채기를 당할 때 더 쉽게 접수를 잃는 것처럼 말이다.

어설픈 초반 승기는 그 전체를 망치기 쉽다. 자신이 처한 상황과 정신력의 사이에는 반비례 관계가 작용하기 때문에, 유리한 상황에 있을수록 정신력은 그만큼 해이해져 그 전체를 망쳐 버리기 쉬운 것이다.

◆　◆　◆

방어에 있어서는 상대의 실력을 외관보다 과대평가하는 것이 최상책이다.

_셰익스피어

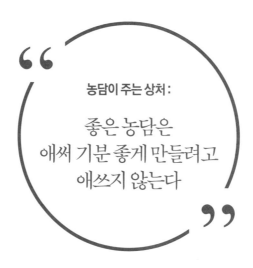

농담이 주는 상처 :

좋은 농담은 애써 기분 좋게 만들려고 애쓰지 않는다

농담이냐 아니냐의 판단은 농담하는 자의 몫이 아니라 그것을 받아들이는 자의 몫이다. 따라서 내가 한 농담이 타인에게도 농담으로 들렸으리라고 생각하는 것은 위험하며, 내가 농담을 했어도 타인이 진담으로 받아들이면 진담으로 둔갑해 버린다.

시골에 있는 초등학교에서 공부를 마치고 집에 돌아온 딸아이가 집에 엄마 아빠가 없자 대문 앞에 쭈그리고 앉아서 엉엉 울기 시작했다. 그 모습을 본 옆집 아주머니가 그 딸아이를 놀려 줄 속셈으로 농담을 한마디 했다.

"너희 엄마 아빠 저수지에 빠져 죽었단다."

이 말을 들은 어린 딸은 그 말이 정말인 줄 알고 급히 마을 뒤에 있
는 저수지로 뛰어 올라갔다. 아이가 정신없이 뛰어 올라가는데도
옆집 아주머니는 잡지 않고 내버려 두었다.

들에 나가서 일하던 딸의 부모는 해가 질 무렵에야 집으로 돌아왔
다. 예전 같으면 당연히 와 있어야 할 딸이 집에 없자 그들은 온 동
네를 헤매고 다니면서 딸아이를 찾기 시작했다.

만나는 사람마다 붙들고 행방을 물었으나 아무도 모른다고 했다.
근심 어린 표정으로 딸이 갔을 만한 장소를 모두 가봤지만, 딸의
흔적은 없었다. 더 이상 찾아볼 곳이 없자, 그들은 딸이 집에 와
있을지도 모른다는 한 가닥 희망으로 집을 향해 힘없는 발길을
돌렸다.

대문 앞에 이르렀을 때 옆집 아주머니를 만났다.

"혹시 우리 딸 못 봤어요?"

이 물음에 옆집 아주머니는 "두 시간 전에 학교에서 돌아와 울고
있길래 너희 엄마 아빠 저수지에 빠져 죽었다고 했더니 저수지 있
는 쪽으로 올라가던데."라고 말해 주었다.

이 말을 들은 딸의 부모는 부랴부랴 저수지로 달려갔다. 저수지에
도착하여 주변을 샅샅이 둘러보았지만, 딸은 보이지 않았고, 뜬눈
으로 꼬박 밤을 새우며 기다려도 어린 딸은 나타나지 않았다. 날
이 밝자마자 저수지에 있는 물까지도 모두 빼보았으나 딸의 흔적
은 발견되지 않았다.

돌아오기만을 애타게 기다리는 부모의 심정도 아랑곳하지 않고

딸은 20여 년이 흐른 지금까지 돌아오지 않고 있다.

진담인지 농담인지 제대로 구분하기 모호한 농담은 하지 말아야 한다. 그러한 농담은 자기 멋대로 뻗어 나가 진담으로도 변하고, 상처를 입히는 무기로도 변하여 농담을 한 사람이나 듣는 사람 모두가 뼈아픈 상처를 받아야 한다. 농담을 한 사람은 농담으로 한 말이 진담으로 둔갑하는 상처를 받아야 하고, 그것을 받아들이는 사람은 진담 아닌 것을 진담으로 믿어 버린 상처를 받아야 하는 것이다.

진담이 농담으로 변하는 것보다 농담이 진담으로 변하는 것이 더 큰 비극을 불러온다. 농담으로 변한 진담은 자신만 불쾌할 뿐이나 진담으로 변한 농담은 많은 사람을 불쾌하게 만들고, 농담으로 변한 진담은 어떻게든 떳떳하지만, 진담으로 변한 농담은 언제나 진실과는 먼 것이어서 허를 찔리기 때문이다.

◆　◆　◆

말을 경계하라. 말은 종종 큰 사기꾼이기 때문이다.

_ P. M. 레이덤

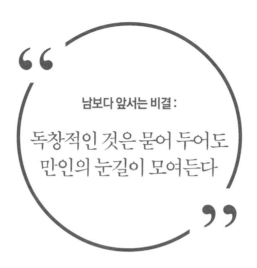

남보다 앞서는 비결 :

독창적인 것은 묻어 두어도 만인의 눈길이 모여든다

남의 뒤를 따라가서는 평생 얻을 것도 없고, 남들보다 앞설 수도 없다.

남보다 앞서는 유일한 길은 남들이 불가능한 일이라고 밀쳐 두었던 일을 해내어 유일의 존재가 되는 것이다.

사업체를 경영하고 있는 사장이 미국에 지점 개설 차 비행기를 타고 가고 있었다. 일등석이었기 때문에 편안히 누운 자세로 가고 있었다.

이륙한 지 한 시간 정도 지났을 무렵, 스튜어디스가 빨대 꽂힌 주스를 한 잔 가지고 왔다. 그는 일어나기가 귀찮아서 누운 채로 빨대를 물었다. 그 순간 주스가 쏟아져 와이셔츠가 노랗게 물들어 버렸다.

노랗게 물들어 버린 와이셔츠를 난처한 표정으로 바라보던 그는, 문득 구부러지는 빨대가 있으면 누워서도 주스를 마실 수 있겠다는 아이디어를 떠 올렸다.

미국에서 업무를 마치고 돌아온 그는 즉시 구부러지는 빨대를 만들어 특허를 내는 데까지 일사천리로 진행했다. 그렇게 해서 국내 특허는 물론 세계 특허까지 획득한 그는 머뭇거리지 않고 빨대 만드는 사업에 뛰어들었다.

단순하면서도 특별한 기술 없이도 만들어 낼 수 있는 구부러진 빨대로 그는 국내는 물론 세계 시장을 독점하여 엄청난 돈을 벌 수 있었다.

남보다 앞서가는 비결은 새로운 아이디어를 발견해내서 독보적인 존재가 되는 것이다.

평범한 것은 아무리 많은 돈을 들여 만방에 선전을 하더라도 눈길을 끌 수 없지만, 독창적인 것은 그냥 묻어 두어도 만인의 눈길이 모여든다.

기발한 아이디어는 순간에 나온다. 오래 머물러서 신선도가 더해지는 것이 없듯, 오래 생각한다고 해서 반드시 좋은 아이디어가 나오는 것은 아니다. 오히려 너무 오래 생각하다 보면 이것저것 혼란스러워져서 독창성이나 신선한 맛이 결여된 억지 아이디어만 나오기가 십상이다.

새롭고 독창적인 아이디어는 시도 때도 없이 언제나 떠오르는 것이 아니다. 축구 경기에서 어느 순간에 어떤 계기로 골이 터질지 모르는 것처럼 아이디어도 언제 어느 순간에 떠오를지 예측할 수 없다.

아이디어는 돈으로 환산할 수 없는 보이지 않는 재산이다. 이 재산을 획득하는 길은 현실에 안주하지 말고 좀더 진보하고 발전하려는 욕망을 가질 때 가능하고, 자신을 불만족한 상태로 두어야 한다. 이때의 불만족이란, 생활 자체에 대한 불만족이 아니라 좀 더 발전하려는 욕구의 불만족 상태를 의미하는 것이다.

◆ ◆ ◆

존재하는 모든 훌륭한 것은 독창력 – 새로운 아이디어의 열매다.

_J. S. 밀

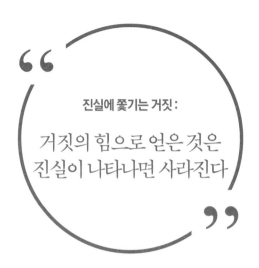

"

진실에 쫓기는 거짓 :

거짓의 힘으로 얻은 것은
진실이 나타나면 사라진다

"

거짓은 일종의 마취제와 같은 것이어서 진실에게 그 정체가 들통나지 않는 순간만 미소 지을 수 있을 뿐이고, 진실에 의하여 들통난거짓은 그것을 동원하지 않았을 때보다도 더 혹독한 대가를 가져다주어 그동안 머금었던 미소를 멈추게 한다.

한 여자를 두고 두 남자가 사랑 경쟁을 했다. 두 남자는 친한 친구
사이였지만 서로 양보하지 않겠다고 버텼고, 여자 또한 어느 한
남자에게 기울어지지 않았다. 이러한 상태는 몇 달 동안 계속되었
고, 이러한 상태가 계속되는 동안 친구 사이는 점점 금이 가기 시
작했다.

이렇게 친구끼리 여자 문제로 대립 관계에 있던 중, 그 여자가 가족들과 함께 동해안으로 피서를 떠났다. 그러자 두 남자 중 눈치 빠른 한 남자가 '기회는 이때다'라고 생각하고는 친구 눈에 띄지 않도록 자취를 감추었다.

그렇게 자취를 감췄던 그는 며칠 후, 여자가 피서를 마치고 돌아오는 날에 맞추어 경쟁 상대인 친구 앞에 나타나서는, 여자와 함께 피서를 다녀왔다고 거짓말을 했다. 이렇게 거짓으로 꾸며대면 친구는 그 여자에게 회의를 느껴 스스로 물러날 것이라고 생각했기 때문이었다.

그러나 그러한 거짓은 여자의 해명에 의해 진실이 드러났고, 거짓을 이용한 어리석은 행위는 증오심을 불러일으키는 실책으로 오히려 사랑하는 여자를 친구에게 빼앗겨야 하는 뼈아픈 상처를 입고 말았다.

마취 자체가 고통을 없애 버리는 것이 아니고 유예하는 것이듯, 거짓 자체도 진실을 없애 버리는 것이 아니고 왜곡하는 것이다. 따라서 마취가 풀리면 고통이 시작되는 것처럼, 거짓이 들통나버리면 진실의 힘에 울어야만 한다.

거짓으로 사는 자는 진실이 나타나면 그 순간 망한다. 진실의 덫은 생각만큼 허술하지 않고, 또 거짓에 대하여 조금의 관대함도 없이 진실로 바로잡아 놓기 때문에 거짓에 의지하는 것은 위험천만한 일이다.

거짓의 힘에 의지해서 내가 얻어낼 수 있는 것은 아무것도 없음을 알아야 한다. 거짓의 힘으로 얻은 것은 진실이 나타나면 언제든지 돌려주어야 하기 때문이다.

거짓이 진실이 될 수는 없다. 진실의 주인은 언제까지나 진실이고 거짓의 주인 역시 언제까지나 거짓이 진실일 뿐이다.

세상의 모든 거짓은 진실이 나타나면 언제나 자리를 비켜 주어야 하는 '가짜'의 서러움을 면치 못한다.

◆　◆　◆

우리가 알고 있는 모든 진실은 모든 이들에게 되돌려 주는 것이지 오직 우리 자신만을 위해 간직하는 것이 아니다.

_엘리자베스 캐디

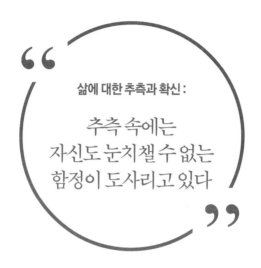

지금 내가 하고 있는 행동 중에서 어느 것 하나 가치 없거나 소중하지 않은 것은 없다. 작은 모래와 자갈이 뒤엉켜 수십 층의 건물이 만들어지는 것처럼 작은 행동들이 모여서 나의 삶이 만들어지고, 무심코 하는 행동조차도 나의 삶을 메꾸어 가고 있다.

신병 입소가 있던 어느 날, 신병훈련소 앞에 있는 이발소에 손님 10여 명이 들어왔다. 이발소 주인은 예전처럼 의자에 앉는 손님마다 어떻게 깎을 것인지 묻지도 않고 전기바리캉으로 삭발을 하기 시작했다. 순식간에 네 명을 깎고 다섯 번째 손님이 의자에 앉았다. 이발사는 이 손님도 친구들과 함께 입대할 사람일 것이라 당언히 생각하고는 얼굴도 보지 않은 채, 또 어떻게 깎을 것이냐고 물어보지도 않은 채 머리를 밀기 시작했다. 마치 불도저가 길을 밀고 가듯 전기바리캉이 손님의 머리통 한가운데를 밀고 올라가자 손님이 벌떡 일어나 "지금 뭐 하고 있는 거요!"라고 고함을 쳤다.

손님의 갑작스런 행동에 이발사도 깜짝 놀라 손님의 얼굴을 자세히 바라보았다. 아뿔싸! 나이가 드신 손님이 아닌가. 이발사는 "죄송합니다. 죄송합니다."하면서 머리를 조아렸다.

손님은 일그러진 표정으로 자신의 머리를 거울에 요리조리 비춰보았다. 하지만 이미 머리 꼭대기까지 삭발이 되어 있었기 때문에 삭발 외에는 달리 방법이 없었다. 손님은 일단 하던 삭발을 계속하라고 했다. 이발사는 손님이 시키는 대로 삭발을 깨끗이 해 주고는 다시 허리를 굽실대며 사죄를 했다. 그러자 손님은 사과는 받지 않고 이발사를 무조건 의자에 앉으라고 했다. 상황이 상황인지라 이발사는 꼼짝없이 의자에 앉을 수밖에 없었다. 이발사가 의자에 앉자, 손님은 바리캉을 집어 들고 이발사의 머리를 밀기 시작했다. 멀쩡한 머리가 무자비하게 깎여져 나가며 고속도로가 생기는데도 이발사는 자신의 원죄 때문에 가만히 앉아서 당할 수밖에 없었다.

한 치 앞도 내다볼 수 없는 인생이라 하여 계획도 없이 대충대충 살거나 되는 대로 살아서는 안 된다. 미래가 불확정하면 할수록, 또 미래가 두려우면 두려울수록 더욱더 확고한 신념과 인생관을 갖고 삶을 엮어 나가야 무지개 같은 미래를 맞이할 수 있다.

삶은 추측이 아니라 확신이다. 추측 운전이 엄청난 사고를 몰고 오 듯, 추측 인생도 크나큰 낭패를 가지고 온다. 추측 속에는 자신도 눈 치챌 수 없는 함정이 도사리고 있기 때문에 추측에 의한 삶은 언제 나 모험을 걸고 살아가야 한다.

낚싯바늘에 고기가 걸렸다고 해서 그 고기가 내 것이 되는 것은 아 니다. 낚싯줄을 끌어 올려서 내 손안에 들어와야 비로소 내 것이 되 는 것이고, 내 손안에 들어온 고기도 방심하면 놓칠 수 있다는 것을 될 대로 살아가는 이들은 깊이 음미해 보아야 할 것이다.

세상일을 쉽게 보지 말아야 한다. 세상일은 너그러운 척하면서 시 련을 가져다주는 경우가 너무나 많기 때문에 스스로 조심하지 않으 면 시련의 덫을 피할 수 없다. 또 세상을 도박판처럼 생각해서도 안 된다. 행운의 여신이 갑작스레 찾아들어 횡재를 안겨 주는 경우도 종종 있는 것은 사실이지만, 좋은 삶은 언제나 좋은 계획과 정당한 땀의 대가에 의해 이루어진다.

◆ ◆ ◆

항상 생각하는 사람은 좋은 날씨에 궂은 날씨를 생각해서 대비 한다.

_T. 풀러

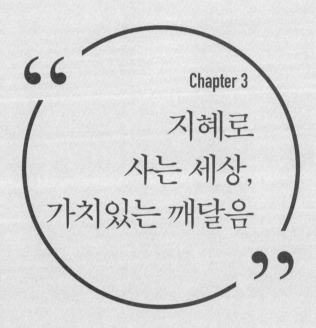

Chapter 3

지혜로
사는 세상,
가치있는 깨달음

지금 내게 주어진 시간은 내 생명을 주고 꾸어낸 시간이다. 그렇기 때문에 헛되게
소비할 시간이라고는 손톱만큼도 없다. 남의 뒤꽁무니를 따라갈 시간도, 환상에 사
로잡힐 시간도, 어리석음을 되풀이할 시간도, 행복을 미루어 둘 시간도, 투정을 부릴
시간도 없다.

사람들이 그렇듯 매혹당하고 있는 모든 것,
그리고 그것을 얻기 위해서 그렇듯 흥분하고 골몰하고 있는 모든 것,
그것들은 실은 그들에게 아무런 행복도 가져다주지 않는다.
그러한 욕망에 도달하려고 허비한 노력의 절반만이라도
그 욕망을 버리는 데 노력할 때 비로소 행복을 얻을 수 있게 된다.

에피크레타스

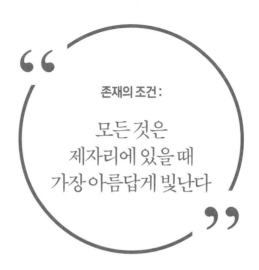

존재의 조건:

모든 것은
제자리에 있을 때
가장 아름답게 빛난다

모든 것은 제 위치에 있을 때 가장 아름답다. 내가 조금 편해져야 겠다고 자리를 잡으면 누군가에게 그만큼의 고통이 가해지기 시작하고, 나의 편리함만을 생각해서 내 위치를 벗어나면 다른 위치에서 최선을 다하고 있는 이들에게 선의의 희생을 강요하게 된다.

해 뜰 무렵, 풀잎에 영롱한 물방울들이 매달려 있었다.

모든 물방울이 자신의 위치를 지키며 평화로운 가운데 태양이 솟아오르기만을 기다렸다. 그런데 맨 위에 매달려 있던 물방울이 힘들다는 핑계로 아래 물방울의 입장은 생각해 보지도 않은 채 미끄러져 내려갔다.

두 번째에서 평화롭게 매달려 있던 물방울은 영문도 모른 채 위의 물방울의 몫까지 떠맡게 되었다. 갑자기 몸이 두 배로 불어난 두 번째 물방울은 자신의 몸을 지탱하기 위해서 안간힘을 써보았지만, 얼마 견디지 못하고 자신의 의지와는 상관없이 미끄러져 내려갔다.

세 번째에서 아무런 걱정 없이 매달려 있던 물방울은 자신의 몸보다 두 배나 더 되는 물방울을 얼떨결에 안았다. 세 번째의 물방울도 자신의 위치를 벗어나지 않기 위해서, 또 네 번째에 있는 물방울에 피해를 주지 않기 위해서 사력을 다했지만 결국은 감당하지 못하고 미끄러져 내려갔다.

네 번째 물방울부터는 위의 물방울들이 합쳐지자마자 지탱해 볼 겨를도 없이 미끄러져 내려갔다. 결국 풀잎에 매달려 있던 모든 물방울은 찬란한 태양이 떠오르는 것을 보지도 못한 채 땅바닥으로 미끄러져 내렸다.

내가 존재하기 위해서는 타인들이 존재해야 하고, 내가 편하기 위해서는 타인들이 편해야 한다.

세상에 존재하는 모든 이들은 나를 존재시키는 조건이며, 내가 지금 내 위치를 지킬 수 있는 것도 제 위치에서 최선을 다해 주고 있는 타인들의 덕분이다. 따라서 그들을 불편한 상태로 만들어 놓거나 그들의 존재를 무시하는 것은 곧바로 자신의 존재를 위태롭게 하는 것이다.

내가 아무리 편하려고 노력해도 타인들이 편하지 않으면 그것은 불가능한 일이다.

내가 아무리 잘살려고 발버둥 쳐도 타인들이 도와주지 않으면 불가능한 일이다.

내가 편하고 잘살기 위해서는 모든 이들을 제 위치에 있게 해야 하고, 또 내 몫을 떠넘기지 않음으로써 그들의 희생을 강요하지 말아야 한다.

아무리 하찮은 것이라 하더라도 제 위치를 지킬 때 모든 것은 순리대로 되어 가고, 나의 존재도 위협을 받지 않게 된다.

◆ ◆ ◆

너 자신을 누구에겐가 필요한 존재로 만들라. 누구에게든 인생을 고되게 만들지 말라.

_에머슨

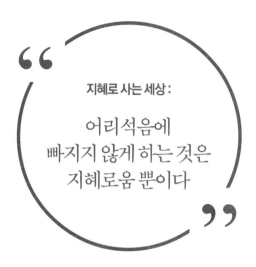

현재의 편리함만을 생각하여 흐르는 물 떠다 먹기를 즐겨 하면 장마에는 흙탕물을 먹어야 하고 가뭄에는 목말라야 한다. 하지만 현재의 고통을 투자해서 좋은 샘을 파 놓으면 장마 때나 가뭄 때나 물 걱정을 하지 않아도 된다. 이것이 바로 지혜이다.

즉위한 지 며칠 안 된 임금이 백성들의 생활상을 파악해 보기 위해서 어느 시골 마을에 가게 되었다. 마을에 도착해 백성들의 생활상을 보니 궁궐에서 생각했던 것과는 다르게 비참하기 그지없었다. 그래서 임금은 마을 백성들을 위로해 주기로 마음먹고 그들에게 바가지를 하나씩 나누어 주면서 이렇게 약속했다.

"너희들이 원하는 것을 이 바가지에 담아 오면 그것의 10배를 주 겠노라."

마을 백성들은 제각기 원하는 물건들을 가지고 나와서 약속대로 자신이 가지고 온 물건의 10배를 받아서 돌아갔다. 그런데 한 청 년은 빈 바가지를 들고 왔다.

이상하게 생각한 임금이 그 청년에게 물었다.

"너는 가지고 싶은 것이 없느냐?"

그러자 청년은 임금님께 간청하였다.

"임금님, 저는 이 그릇에 지혜를 받아 가려고 아무것도 담아 오지 않았습니다. 저에게 세상을 살아가는 지혜를 듬뿍 담아 주시옵소 서."

이 말을 들은 임금은 감탄하여 수행한 신하들에게 명하여 청년에 게 세상 사는 지혜를 골고루 가르쳐 주게 했다.

임금으로부터 자신이 원하는 것들을 받아서 돌아온 마을 백성들 은 그 물건을 소비하는 동안은 행복하게 지냈지만, 그 물건들을 모두 소비하고 나서는 다시 비참해졌다. 그에 반해 임금으로부터 지혜를 듬뿍 받아 온 청년은 지혜를 이용하여 전보다 월등히 나은 생활을 영위할 수 있었다.

그물에 의하여 잡힌 고기를 챙기는 대신에 고기 잡는 그물을 챙기 는 것이 지혜이다. 한 끼니의 포만감을 위해서는 그물에 의하여 잡 힌 고기가 더 나을지 몰라도, 목숨이 다하는 날까지 고기반찬을 먹기 위해서는 고기 잡는 그물이 더 필요한 것이다.

세상은 지식보다도 지혜로 살아야 한다.

쌀이 없어도 배를 굶기지 않게 하는 것도 지혜이고, 낫 놓고 기역 자도 모르는 이에게 세상을 원만하게 살아갈 수 있도록 하는 것도 지혜이며, 함정에 빠졌을 때 빠져나올 수 있도록 하는 것도 지혜이기 때문이다.

세상은 물질을 많이 소유한 자의 것이 아니라 지혜를 많이 가진 자의 것이고, 세상을 가치있게 살아갈 수 있도록 이끄는 것도 지혜이다. 또 물질이 우리에게 주는 도움은 유한(有限)적이지만 지혜는 생명이 유지되는 한 영원히 도움을 준다.

따라서 우리는 일시적인 물질보다도 영원히 마르지 않는 지혜를 얻는 데 눈을 돌려야 한다.

◆ ◆ ◆

지혜는 운명의 정복자이다.

_유베날리스

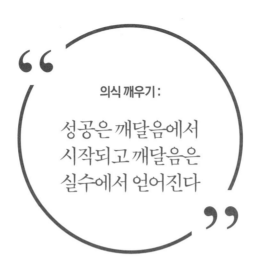

의식 깨우기 :

성공은 깨달음에서
시작되고 깨달음은
실수에서 얻어진다

　제2의 삶은 숙면에 빠져 있는 의식을 깨움으로써 시작된다. 의식을 깨움으로써 자신을 볼 수 있고, 자신을 봄으로써 자신에게 가치 있는 삶을 선택할 수 있으며, 선택한 삶에 최선을 다함으로써 새로운 가치를 추구할 수 있는 것이다.

　유명한 처세 작가가 한 언론사의 인터뷰에 응하고 있었다. 인터뷰는 기자가 질문하면 작가가 대답하는 형식으로 진행되었는데, 작가가 대답하는 과정에서 사소한 실언을 하게 되었다. 작가는 난처한 표정을 지으며 잠시 말을 멈추었다.
　그러자 기자가 말했다.

"괜찮습니다. 실수한 부분은 삭제하겠습니다. 그러니 다시 말씀해 주십시오."

기자의 말을 듣고 잠시 생각에 잠겼던 작가가 말했다.

"아닙니다. 제가 실수한 것 그대로 실으십시오. 저도 작가이기 이전에 인간이고, 인간이기 때문에 실수를 하는 것은 당연하지 않습니까? 실수는 바로 저를 있게 한 스승이고, 제가 그래도 이만한 작가가 된 데에는 많은 실수가 있었기 때문입니다. 만약에 제가 신(神)처럼 완벽한 행동만 했었다면 한 줄의 글도 써내지 못했을 것입니다."

우리 모두에게는 좋은 의식이 있지만, 그것을 깨워 놓고 살아가는 사람은 손에 꼽을 정도다. 우리를 진정 깨어나게 하는 것, 우리를 진정 인간이게 만드는 것, 우리를 좀 더 가치있게 만드는 것, 우리를 좀 더 발견하게 만드는 것이 바로 '의식'인데, 이것을 평생 한 번도 깨워보지 못한 채 죽음에 이르는 사람도 있다는 것이 안타까운 현실이다.

숙면에 빠져 있는 의식은 뼈아픈 고통과 실수를 통해서 깨울 수 있다. 스스로 깨달음에 의하여 깨우는 사람도 있지만, 안락하면 안락할수록 더욱더 나태해지는 득성을 가진 우리가 스스로의 의식을 깨운다는 것은 기대할 수 없는 노릇이고, 대부분의 사람들은 자신이 지금까지 살아왔던 궤도에서 벗어나는 실수와 고통을 통해서 깨우게 된다.

우리에게 제2의 생명을 가져다주는 깨달음은 안락한 환경이나 완벽함 속에서가 아니라 처절할 만큼 비참한 환경과 진저리쳐지는 고통과 실수 속에서 이루어진다. 또한 큰 인물은 큰 깨달음에서 시작되고 큰 깨달음은 큰 실수를 통해서 얻어진다. 원효대사가 유명한 스님이 된 데에는 해골 담긴 물을 마신 실수에서부터 비롯되었고, 미국의 강철왕 카네기는 지긋지긋한 가난 때문이었다는 사실을 우리는 기억해야 한다.

고통과 실수에 의하여 깨워진 의식은 새로운 삶을 시작하는 계기가 된다. 돈밖에 모르고 살던 사람이 죽을 고비를 넘기고서 새로운 삶을 살아나가는 사람이 있는가 하면, 사경을 헤매는 병고 속에서 깨어나 새로운 삶을 시작하는 것도 바로 잠자고 있던 의식이 깨어났기 때문이다.

◆ ◆ ◆

어리석은 생활 때문에 겪은 고통은 총명한 생활이 필요로 하는 지식을 갖게 한다.

_톨스토이

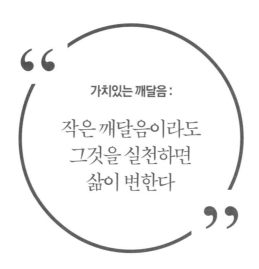

가치있는 깨달음 :

작은 깨달음이라도
그것을 실천하면
삶이 변한다

세상을 변화시키지 못하는 깨달음은 무가치한 것이다. 먹지도 못
하고 선반에 모셔진 꿀단지보다는 내 입으로 들어가는 숭늉 한 그릇
이 더 가치가 있는 것처럼, 성스럽게 모셔진 깨달음보다는 작은 깨
달음이라도 몸소 행하는 것이 더 가치가 있다.

스승으로부터 깨달음이란, 의식을 깨우는 일이라고 가르침을 받
은 제자가 드디어 하나를 깨닫게 되었다. '인생이란 빈손으로 왔
다가 빈손으로 가는 것!' 제자는 이 깨달음을 스승에게 자랑하였
다. 그러자 스승이 제자에게 물었다.
"너는 그 깨달음을 실천에 옮기고 있느냐?"

"네, 스승님. 실천에 옮기고 있습니다. 이미 제가 가지고 있는 물건들을 처분해 버렸습니다."

스승은 이 제자가 진정으로 깨달았는지를 시험해 보기 위해서 제자들을 모두 모아 놓고 말했다.

"내가 너무 늙어서 이 스승 자리를 누구한테 물려주고 떠나야겠는데 마땅한 제자가 없어서 고민이구나."

이 말을 듣자, 깨달았다는 제자가 당연한 듯 말했다.

"큰 것을 깨닫고 그것을 실천에 옮기고 있는 제가 마땅히 스승 자리를 물려받아야 하지 않겠습니까?"

이때 스승은 진노하며 그 제자를 꾸짖기 시작했다.

"너는 아직도 깨달은 바가 없다. 빈손으로 왔다가 빈손으로 가는 것이 인생이란 뜻은 바로 마음을 비우는 일인데, 너의 마음속은 탐욕으로 가득 차 있어 이 자리를 넘보고 있으니, 너의 깨달음은 이미 무가치한 것이다. 네 방에 있는 물건을 다 버려도 네 마음속에 있는 탐욕의 마음을 비우지 않으면 아무 소용이 없고, 네 마음을 비우면 물건들이 있든 없든 그것은 상관없는 일이니라."

깨달음은 정(靜)에서만 이루어지고, 그것의 실천도 정으로써만 이루어지는 것처럼 사람들은 오해하고 있다. 그리하여 깨달음 그 자체로서 만족을 느낄 뿐 그것을 실생활에 옮기느냐 옮기지 않느냐는 관심을 두지 않는다. 그러나 우리는 정의 세계에서가 아니라 동(動)의 세계에서 살아가고 있고, 삶은 정에 의해서가 아니라 동에 의해서 이루어지고 있다는 것을 인식해야 한다. 동의 세계에서 함께 살아가려면 무엇이든 움직여줘야 한다. 깨달음도 예외 없이 우리를 따라 움직여 줘야 하고, 움직이지 않는 것이 장식물 취급을 받듯 움직이지 못하는 깨달음도 장식물 취급을 받게 된다.

깨달음은 소중한 것이다. 깨달음은 우리들의 양식이자 등불이며, 이정표이자 안내자이다. 이처럼 소중한 것을 장식물처럼 모셔두는 것은 엄청난 가치를 이용하지 못하고 묻어 두는 것과 다름없다. 삶에 가치를 더하고 변화를 구하기 위해서는 깨달음의 소중한 가치를 실천함으로써 내 것으로 만들어야 한다. 작은 깨달음이라도 그것을 실천하게 되면 삶의 변화를 가져올 수 있고, 성숙함으로 한발 나아갈 수 있게 된다. 가치있는 깨달음은 행동으로 실천하는 깨달음이며 변화시키는 깨달음이다. 행동으로 나가지 않는 깨달음이나 현재의 삶을 좀 더 가치있게 변화시키지 못하는 깨달음은 이미 무가치한 것이다. 따라서 우리는 많이 깨닫기 위해서 노력하는 대신에 하나의 깨달음이라도 실천하기 위해서 노력해야 한다.

◆ ◆ ◆

이렇게 하여 자기 자신의 가치를 알 것인가? 생각만 해서는 소용이 없다. 그것은 행위에 의해서만 알 수 있다.

_아미엘

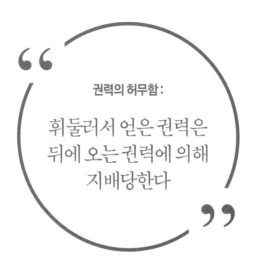

권력은 땅에 심어져 있는 꽃이 아니라 화병 속에 꽂힌 꽃과 같은
것이다. 따라서 권력을 무자비하게 휘둘러대는 것은, 피어서 며칠을
가지 못하는 화병 속의 꽃이 땅에 심어져 있는 꽃을 조롱하는 것과
같은 어리석음이다.

새로 즉위한 임금이 모든 신하에게 권력을 하나씩 나누어 주었다.
그런데 그 권력은 한 번만 사용하면 없어지는 것이었고, 권력이
없어지면 당연히 공직에서도 추방되어야 했다.
어느 한 신하에게 큰 이익 – 재산이 나타나 갈등이 생기기 시작했
다. 권력을 사용하면 당연히 얻을 수 있었기 때문에, 이익을 버리

고 권력을 가지고 있어야 할지 권력을 버리고 이익을 챙겨야 할지에 대해서 갈등을 겪어야 했던 것이다.

며칠을 두고 갈등을 겪은 그는, 그 이익만 얻어 놓으면 권력이 없다 해도 평생을 아무런 걱정 없이 생활할 수 있을 것이라는 결론을 내리고 하나밖에 없는 권력을 사용해서 그 이익을 얻었다. 권력을 사용한 순간 그는 권력을 잃었고 당연히 공직에서도 추방되었다.

공직에서 추방된 그는 권력을 휘둘러서 얻은 재산을 가지고 한적한 곳에 가서 마음 편하게 살았다. 하지만 그러한 생활도 잠시, 그 재산은 얼마 가지 않아서 다른 신하의 권력에 의하여 빼앗기고 말았다. 권력을 잃은 데다 재산까지 빼앗긴 그는 누추한 집에서 겨우 목숨만 부지하며 생활해야 했다.

권력을 이용해 빼앗았던 이익을 다시 빼앗은 또 다른 신하는, 얼마 후 또 다른 권력에 의하여 빼앗겼고, 그 이익은 다른 권력에 의하여 연쇄적으로 빼앗겼다. 결국 그 이익 하나가 많은 신하들의 권력과 공직을 빼앗아 갔다.

한번 휘둘린 권력은 몸을 떠난다. 따라서 권력을 많이 휘둘러 놓으면 놓을수록 쇠잔해져서 뒤에 오는 권력에 의해 지배당하고, 권력이 있을 때 얻어 놓은 이익은 권력이 없어지면 자신을 해치는 원인이 되어 버린다.

권력이란 허무한 것이다. 잡고 있는 동안은 청춘이지만 놓치면 노인이다. 잡고 있는 동안은 봄이지만 놓치면 겨울이다. 잡고 있는 동안은 날카로운 칼이지만 놓치면 무뎌진 칼이다.

이렇듯 잡고 있는 동안은 자신을 보필하지만 놓치는 순간 배신해 버리는 것이 권력인 것이다.

자신이 휘두른 권력에 의하여 역으로 당하지 않기 위해서는 권력 보기를 마약 보듯 해서 항상 경계해야 한다. 마약 중독자에게 마약이 공급되지 않으면 무덤을 찾아야 하는 것처럼, 권력을 무자비하게 휘둘러대던 자에게 권력이 따라주지 않으면 숨을 곳을 찾아다녀야 한다.

◆ ◆ ◆

사람은 가장 높은 정상에까지 기어오를 수는 있으나, 그곳에서 오래 살 수는 없다.

_B.쇼

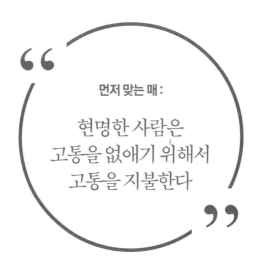

먼저 맞는 매:

현명한 사람은
고통을 없애기 위해서
고통을 지불한다

피하지 못할 고통을 미루어 두는 것은 고통을 줄이는 것이 아니라 쌓아 두는 것이다. 피하지 못할 고통은 고통을 지불함으로써만 없앨 수 있기 때문에 고통을 빨리 받아들이면 받아들일수록 그만큼 고통을 줄이는 것이다.

어느 초등학교에 단체 예방주사를 놓기 위해 보건소에서 출장을 나왔다. 간호사가 주사기를 꺼내 들자 학생들은 몸을 도사렸다. 곧이어 주사기에 약물을 채운 간호사가 학생들에게 말했다.

"자, 먼저 맞을 사람 나와 보세요."

그러나 어린 학생들은 두려운 표정을 지으며 고개를 저었다.

학생들이 두려워하며 주사 맞기를 거부하자, 선생님은 학생들에게 통로로 나와서 줄을 서라고 했다. 그러나 어린 학생들은 뒤로만 몰려갈 뿐 선뜻 앞에 나서는 학생은 한 명도 없었다. 선생님은 "자, 그럼 번호순으로 맞겠어요." 하면서 차례대로 번호를 불렀다. 선생님이 번호를 부르자 학생들은 피하지 못하고 주사를 맞았다. 앞번호 학생들이 주사를 맞고 있을 때 뒷번호 학생들은 주사를 맞는 당사자보다도 더 두려움에 떨었다. 한 학생 한 학생의 팔뚝에 주사기를 꽂을 때마다 그것을 보고 있던 학생들은 주사를 맞는 당사자보다 더 아픈 표정을 지었다.

그런 와중에 맨 끝 번호인 학생이 갑자기 앞으로 나오며 말했다.

"선생님, 저부터 맞게 해 주세요."

"왜 먼저 맞으려고 하는 거니?"

"주사를 한 대만 맞고 싶어서예요."

그 말을 들은 선생님은 이해가 가지 않아서 다시 물었다.

"아니, 그럼 예방주사를 한 대씩만 맞지 두 대씩 맞는 거니?"

그러자 그 학생은 선생님을 어리둥절하게 하는 대답을 했다.

"앞번호의 학생들이 주사를 맞을 때마다 그들과 똑같이 주사 맞는 고통을 느껴야 해서요."

어차피 겪어야 할 고통이라면 피하지 말고 부딪히는 것이 고통을 최소화하는 길이다.

고통을 가장 빨리 없애는 비결은 피해 가는 것이 아니라 밟고 가는 것이다. 없애지 않고 피한 고통은 계속해서 새끼를 치기 때문에 한 개의 고통을 없애지 않으면 나중에는 여러 개의 고통과 투쟁을 해야 한다.

고통 자체보다도 더 큰 고통은 지나치게 의식하고 두려워하는 것이다. 고통과 정면으로 부딪히면 그 고통만을 겪게 되지만, 고통을 피하기 위해서 몸을 도사리면 고통 자체에 대한 고통에다 고통에 대한 두려움의 고통까지 추가되어 이중으로 겪어야만 한다.

고통은, 그것을 순순히 받아들이는 자에게는 별다른 고통을 주지 않지만 지나치게 두려워하고 꽁무니를 빼는 자에게는 혹독한 대가를 안겨 준다. 따라서 고통의 지불 없이는 그 어떤 수단에 의해서도 극복할 수 없는 고통이라면 순순히 받아들이는 것이 고통을 최소화할 수 있는 길이다. 욕심나는 것을 얻기 위해서 고통을 지불하는 것은 어리석은 일이지만, 고통을 없애기 위해서 고통을 지불하는 것은 현명한 일이다.

◆ ◆ ◆

고통의 지불 없이는 아무것도 시정되지 않고 아무것도 끝나지 않는다. 우리는 다른 이의 고통 속에서 태어났고 우리 자신의 고통 속에서 죽기 때문이다.

_F. 톰슨

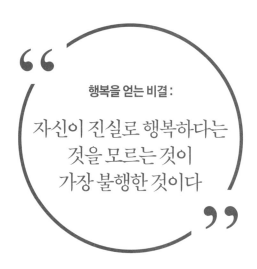

우리의 삶 속에서 느낄 수 있는 행복의 방정식은 외부에 존재하는 것이 아니라 스스로의 마음속에 존재하고, 그것의 해답 또한 스스로의 마음속에 존재한다. 그럼에도 불구하고 해답, 즉 행복을 구하지 못하는 것은 처지와 만족 간에 등식 관계가 제대로 이루어지지 않기 때문이다.

20여 명이 넘는 여성들이 모여서 동창회 모임을 하고 있었다. 그들은 고등학교를 졸업한 지 10년이 훌쩍 넘었기 때문에 대부분이 결혼해서 아이를 낳고 키우며 가정을 꾸려나가고 있는 가정주부들이었다.

오랜만에 만난 그들은 자신들이 마치 고교 시절로 돌아간 듯 그동 안 살아온 이야기도 하고, 남편 흉도 보고 하면서 정신없이 수다 를 떨었다.

이렇게 수다를 떨던 도중 한 동창생이 신세타령을 늘어놓기 시작 했다.

"아휴, 집에만 갇혀서 사는 것이 지겨워 죽겠어. 집안일은 죽도록 해 봐야 표시도 나지 않고, 몸은 자꾸만 늙어가고. 얘들아, 뭐 재미 있는 일이 없을까?"

이 말을 듣고 동창생들이 거들었다.

"맞아, 어떨 때는 시집가지 말고 계속 직장이나 다닐 걸 하는 생각 도 든다니까."

동창회에 모인 대부분의 친구들이 마치 약속이라도 한 것처럼 이 런 푸념을 늘어놓고 있었다.

그러자 옆자리에서 친구들의 말을 조용히 듣고 있던 한 동창생이 입을 열었다.

"너희들도 참, 배부른 소리들 하고 있다. 너희들 요즘 직장 다니는 것이 얼마나 고달프고 힘든 줄 알고 하는 소리니? 아마 출근 시간 에 지하철을 한 번만 타보면 그런 소리 다시는 하지 않을 거다. 그 리고 집안일이 표시가 나지 않는다고들 하는데, 왜 표시가 나지 않니? 가족들 건강하게 생활하고 행복해 하는 것은 그냥 이루어 지는 것이니? 바로 우리들이 집안일을 열심히 해서 만들어 놓은 거야. 그리고 나는 남편이 직장에서 퇴근하고 들어오면서 '여보'

하고 부를 때랑 아이가 학교에서 돌아와 '엄마' 하면서 품에 안길 때가 가장 행복하더라."

진실로 불행하기 때문에 불행해진 사람보다 자신의 처지가 행복함에도 불구하고 그것을 느끼지 못하여 불행해진 사람이 몇 곱절 많다.

행복이 포함되어 있지 않은 삶이란 없다. 행복은 좋은 환경에도 나쁜 환경에도 공평하게 존재하며, 심지어 불행 속에서조차도 존재한다. 그런데도 우리가 불행에 시달려야 하는 것은 자신의 처지에 만족하지 못하여 내면에 있는 행복의 방정식을 제대로 풀지 못하기 때문이다.

행복해지기 위해서는 내면에 존재하는 행복의 방정식을 풀어야 한다.

그것을 푸는 방법은 결코 어려운 일이 아니다. 자신이 처한 처지와 그것에 대한 만족이 등식 관계를 이루도록 하면 된다. 어떠한 처지에 놓이든 그것에 만족해서 등식 관계를 이루어주면 자신이 처한 처지와는 관계없이 살아가는 내내 행복을 느낄 수 있게 된다.

하지만 처지와 만족이 등식 관계를 이루지 못하면 널뛰는 판이 올라갔다 내려갔다 하는 것과 같이 행복과 불행을 넘나들어야 한다. 그리하여 자신이 원하는 삶이 펼쳐질 때는 지나칠 정도로 행복에 젖어야 하고, 그 반대의 상황이 되면 비굴할 정도로 불행에 젖어야 한다.

행복을 얻기 위해서는 자신의 처지를 바꾸는 것이 아니라 그 처지에 만족을 대입시켜 등식 관계를 이루게 해야 한다. 이 등식 관계만 깨뜨려지지 않는다면 자신이 어떠한 처지에 놓이든 행복을 놓치지 않는다.

우리가 행복을 놓치고 불행에 시달려야 하는 것은, 처지가 나아지면 행복을 얻을 수 있다는 어리석음에 자신의 처지에는 만족하지 않은 채 지나칠 정도로 처지가 호전되기만을 기대하여 처지와 만족 간의 등식 관계를 깨뜨리기 때문이다.

◆　◆　◆

인간이 불행한 것은 자신이 진실로 행복하다는 것을 모르기 때문이다. 오직 그것만이 이유이다.

_톨스토이

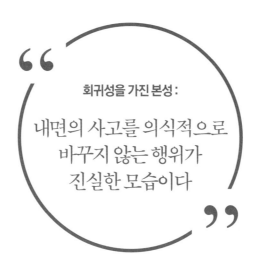

회귀성을 가진 본성 :

**내면의 사고를 의식적으로
바꾸지 않는 행위가
진실한 모습이다**

내 눈을 가렸다고 해서 타인들의 시선도 따돌렸다고 생각하거나,
내가 보지 않는다고 해서 타인들도 나를 보지 않는다고 생각해서는
안 된다. 타인들의 시선은 나의 시선과는 상관없이 나를 주시하고
있으며, 위장된 행동이 영원히 감추어지지 못하는 것도 이 때문이다.

입대를 지독히도 싫어한 청년이 있었다. 그는 신체 검사장에서 불
합격 판정을 받기 위해 귀머거리 연극을 하기로 마음먹었다.

신체검사를 받던 날, 그는 신체검사장에 도착하자마자 귀머거리
연극을 벌이기 시작했다. 통제관의 지시를 알아듣지 못하는 사람
처럼 멍하니 서 있어 보기도 하고, 엉뚱한 곳으로 가보기도 했다.

이상한 행동을 하면서 신체검사를 받던 그가 귀를 검사하는 군의관 앞에 서게 되었다. 군의관이 그에게 물었다.

"귀가 안 들리는가?"

이 질문을 받고도 그는 전혀 듣지 못한 사람처럼 멍하니 서 있었다. 군의관이 큰 소리로 다시 물었다.

"야! 아무 소리도 안 들려?"

그래도 그는 아무 반응을 보이지 않았다. 꾀를 부리고 있다는 것을 눈치챈 군의관이 그의 귀에 입을 가까이하고 속삭였다.

"이 귀머거리야, 너 같은 사람은 군대에서 필요 없으니까 이제 집으로 가."

이 말을 듣자 그는 군대에 가지 않게 되었다는 들뜬 기분으로 자신이 지금 연극을 하고 있다는 것도 깜빡 잊고, 신체검사장을 빠져나왔다. 그러자 뒤따라오던 군의관이 다시 이렇게 속삭였다.

"너의 귀는 큰소리는 듣지 못하고 속삭이는 소리는 잘 듣는 특수한 귀로구나. 군대에서는 바로 너 같은 특수한 귀를 원하지. 그래야 살금살금 기어 오는 적을 잘 잡을 수 있을 테니까."

위장은 그 자체로서 끊임없는 통제를 요구하기 때문에 완벽한 위장을 위해서는 자신부터 통제하지 않으면 안 된다. 손으로 잡고 있는 동안을 휘어져 있지만 잠시만 놓아도 원위치로 돌아가 버리는 용수철처럼 강한 회귀성을 가지고 있는 인간의 본성은 위장된 행동에 통제가 허술해지거나 통제가 상실되면 본 모습으로 되돌려 놓는다.

모든 행동을, 냉철한 이성에 의하여 명령된 내부의 판단만을 가지고 할 수는 없다. 다시 말해서 스스로가 의식하는 순간에만 내면의 사고(思考)가 외부로 표현되는 것은 아니다. 때로는 본능 - 본성에 의하여, 때로는 무의식중에도 표현될 수 있다. 그러므로 본성과 정면으로 배치가 되는 위장은 스스로가 의식하고 있을 때만 가능하고, 의식하지 못할 때나 다급할 때는 배제될 수밖에 없다.

내면의 사고를 의식적으로 바꾸지 않고서 하는 행위가 우리의 진실한 모습이지만, 과시 욕구를 가지고 있는 우리가 의식이 깨어 있는 상태에서 그런 행위를 한다는 것은 기대할 수 없는 일이다. 따라서 무의식 상태에서나 취중 상태에서 하는 행위나 말은 그 사람의 내면의 사고일 가능성이 높다. 의식이 선명한 상태에서는 마음먹기에 따라 위장이 얼마든지 가능하지만, 무의식 상태에서나 취중 상태에서는 위장이 개입될 소지가 그만큼 희박하기 때문이다.

◆ ◆ ◆

아무도 오랫동안 가면을 쓸 수는 없다. 위장은 자기의 본성을 돌려준다.

_세네카

자신과의 싸움 :

세상을 지배하는 원천은
힘이 아니라 정신력이다

세상은 환경에 구애받음이 없이 정신력이 강한 자가 지배하게 되어 있다.

승패가 뒤바뀌거나 빈부가 뒤바뀌거나 치자(治者)와 피치자가 뒤바뀌는 것은 능력의 차이 때문이 아니라 정신력의 차이에서 비롯된다.

1992년 스페인의 바르셀로나 올림픽에서 최초로 금메달의 수인공이 된 사격의 여갑순 선수가 금메달을 목에 걸었을 때 한 기자가 질문했다.

"가장 힘든 경쟁 상대는 누구였습니까?"

여갑순 선수가 대답했다.

"나의 가장 힘든 경쟁 상대는 레체바(당시 세계기록 보유자)가 아니라 바로 '나' 자신이었습니다. 나와의 싸움이 가장 힘들었어요습니다."

세상을 지배하는 원천은 힘이 아니라 정신력이다. 모든 힘은 정신력에서 나오고, 정신력에서 집중력이 나오며, 정신력에서 인내력도 나온다.

가장 강력한 힘은 정신(혼)이 깃든 힘이며, 정신이 실린 힘은 그 무엇이든 이뤄낸다.

강한 정신력은 자기 자신과의 싸움에서 이겼을 때 비로소 나올 수 있게 된다.

자신과의 싸움에서 먼저 이기지 못하면 정신력은 분산되고, 분산된 정신력은 하찮은 일조차도 이루어낼 수 없는 나약한 것이 되고 만다.

우리의 마음속에는 언제나 적극적인 힘과 소극적인 힘이 싸우고 있다. 적극적인 힘은 도전을 즐기며 무슨 일에든 의욕을 가지고 덤벼드는 반면, 소극적인 힘은 몸 사리기를 좋아하여 현상 유지에 급급해한다.

또한 적극적인 힘은 할 수 있다는 자신감을 가지나 소극적인 힘은 해보기도 전에 못 한다고 쉽게 포기해 버린다.

유감스럽게도 우리 마음속에 있는 소극적인 힘은 적극적인 힘보다 훨씬 강하기 때문에 적극적인 힘이 나가려 할 때 항상 방해를 놓는다.

자신과의 싸움이 가장 힘들고, 자신을 이기면 모든 것을 이길 수 있다는 것도 소극적인 힘을 물리치기가 그만큼 어렵고 힘들다는 뜻이다.

또 많은 사람이 의욕에 찬 힘을 쏟아내지 못하는 것도 마음속에 버티고 있는 소극적인 힘에 짓눌려 있기 때문이다.

◆　◆　◆

백 만의 적군을 이기기보다 자기 하나를 이기는 것이 승리 중의 승리다.

_법구경

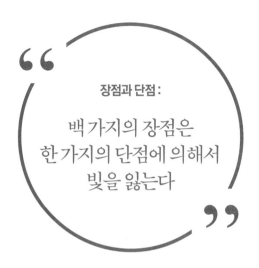

장점과 단점 :

백 가지의 장점은
한 가지의 단점에 의해서
빛을 잃는다

백 가지의 장점은 한 가지의 단점에 의해 헐뜯김을 면치 못한다. 그러므로 백 가지의 장점을 드러내려고 애쓰는 것보다 한 가지의 단점을 새어 나가지 못하도록 하는 것이 더 현명한 일이다.

친구처럼 지내다 연인으로 발전한 커플이 결혼하기로 약속했다. 그 후부터 이들은 마음속에 있는 비밀을 한 조각도 남김없이 나누었다. 가정에 관한 이야기는 물론 친구들에 관한 이야기, 이웃 간의 이야기도 숨김없이 나누었다.

그러던 어느 날 둘 사이에 사소한 문제로 말다툼이 생기더니, 그때부터 그들은 만날 때마다 말다툼을 벌였고, 그러한 상태는 날이

가면 갈수록 심각해져 결국은 치유될 수 없을 만큼 깊은 상처를 남긴 채 헤어졌다. 그런데 여자는 헤어지자마자 자신과 헤어진 남자에게 앙심을 품고, 그동안 숨김없이 나누었던 이야기들을 마음대로 부풀려서 주변 사람들을 이간질하고 다녔다.

성인군자란 단점이 전혀 없는 사람이 아니라 단점보다는 장점이 많은 사람을 지칭한다. 우리 모두가 가지고 있는 장점과 단점 중에서 장점을 치켜세우면 성인군자가 되는 것이고, 단점을 치켜세우면 소인배가 되는 것이다.

스스로를 지키기 위해서는 어떠한 경우에도 '단점'을 타인에게 노출하지 말아야 한다. 장점은 묻어 두고 단점을 공격해서 위기에 몰리지 않을 사람은 신(神)밖에 없고, 사소한 단점을 파헤쳐서 그 사람 전체를 매도해 버린다면 성인군자도 배겨내지 못한다.

단점은 장점을 없애 버리는 힘을 가지고 있다. 따라서 단점이 자신의 몸에서 떠나는 순간 비방의 소리가 사방에서 몰려들기 시작하고, 그동안의 장점이 아무리 훌륭하다 하더라도 빛을 잃고 만다.

◆ ◆ ◆

결점 없이 태어난 사람은 없다. 가장 적은 결점으로 둘러싸인 자가 가장 훌륭할 뿐이다.

_호라타우스

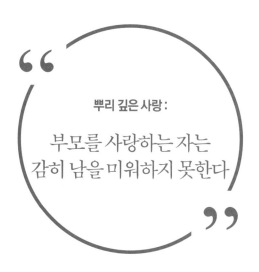

사랑에도 뿌리가 있다. 뿌리 깊은 나무가 장수하듯 뿌리 깊은 사랑이 오래도록 변치 않는다.

뿌리 깊은 사랑은 부모로부터 이어져 내려오는 사랑이며, 부모로부터 이어받은 큰 사랑은 결코 천박하거나 가치 없는 사랑을 꿈꾸지 않는다.

그동안 여러 남자와 사귀어 보았지만, 자신의 질문에 모두가 실망스러운 대답을 해서 결혼 상대자를 고르지 못하고 있던 여자에게 또다시 남자가 생겼다. 그녀는 이번 남자가 유달리 맘에 들어 결혼 상대자 감으로 기대를 잔뜩 걸고 데이트를 즐겼다. 그리고 교제한 지 한 달 정도 되어 갈 무렵, 그녀는 그동안 사귀었던 남자들에게 했던 똑같은 질문을 이 남자에게도 했다.

"당신은, 당신 어머니와 저 중에서 한 사람을 선택하라고 한다면 누구를 선택할 거예요?"

이 질문을 받은 남자는 머뭇거림 없이 대답했다.

"그야 물론 당신이죠."

이 대답을 들은 그녀는 머금었던 미소를 지우며 말했다.

"참으로 안타까운 일입니다. 당신을 낳아서 애지중지 남부럽지 않게 키워 준 부모보다도 만난 지 얼마 되지도 않은 저를 더 소중하다고 하는 당신을 어떻게 이해해야 좋을까요? 이 사실을 당신의 어머니가 아신다면 어떻게 생각하시겠어요? 당신의 부모님에 대한 생각이 그러한데 저라고 해서 그런 취급을 받지 않는다고 어떻게 보장할 수 있겠어요? 나중에 가서 배신당하느니 지금 떠남을 택하겠습니다. 그동안 고마웠습니다."

세상에서 아무리 따뜻한 것도 태양을 능가해 낼 수 없듯, 세상에서 아무리 큰 사랑이라 해도 부모의 사랑을 능가해 낼 수는 없다. 이렇게 큰 사랑을 대수롭지 않게 여긴다면 그 사람의 됨됨이를 쉽게 가늠할 수 있지 않겠는가.

영원한 사랑을 꿈꾸고 행복한 결혼생활을 희망한다면 뿌리 깊은 사랑을 찾아야 한다. 뿌리 깊은 사랑은 튼튼한 뿌리를 가진 나무와 같아서 외부의 변화에 흔들리지 않고 오래도록 지속되며, 쉽게 변하거나 쉽게 배신하거나 쉽게 헤어지는 천박한 사랑은 철저히 배제된다.

쉽게 변하고, 쉽게 배신하고, 쉽게 헤어지는 천박한 사랑은 언제나 뿌리 없는 사랑에서 행해진다. 뿌리를 가지지 못한 사랑은 외부의 변화에 견딜만한 힘이 없기 때문에, 외부의 변화가 없을 때는 그럭저럭 사랑을 이어나가다가도 외부의 변화와 가해지면 그 변화에 희생되고 만다.

사랑의 뿌리는 부모로부터 이어받을 때 가장 건강하다. 부모님의 희생심에서 비롯된 사랑, 밉던 곱던 마다하지 않고 품에 안아주는 사랑, 고향같이 너그러운 사랑은 순결하고도 고귀한 것이며, 이러한 사랑은 부모가 아닌 사람에게서는 도저히 이어받을 수 없는 것이다.

부모로부터 이러한 사랑을 이어받은 사람은 사랑으로 충만한 마음을 간직하고 있어서 언제나 진실하고 참된 사랑을 한다.

◆ ◆ ◆

제 부모를 사랑하는 자는 감히 남을 미워하지 못하고, 제 부모를 공경하는 자는 감히 남을 업신여기지 않느니라.

_공자

자유로운 존재가 되기 위해서는 타인들의 시선을 받지 말아야 한다. 타인들로부터 시선을 받는다는 것은 그만큼 나의 존재가 뛰어다니는 것이나, 결국에 가서는 나를 구속하는 원인이 된다. 형체가 없는 타인들의 시선은 쇠사슬보다도 더 무서운 구속자로 변하여 자유를 빼앗아 가는 것이다.

투명 인간이 되고 싶어 하는 소년이 있었다. 그리하여 그는 하루도 빼놓지 않고 투명 인간이 되게 해 달라고 하나님께 기도를 드렸다. 하루도 거르지 않고 기도하는 소년을 하나님은 기특히 여기어 단 5일 동안만 투명 인간이 되게 해 주었다. 소원대로 투명 인간이 된 소년은 자신이 평소에 부러워했던 사람들을 따라다니기 시작했다.

먼저 투명 소년은 대기업의 회장 집으로 갔다. 즐비한 외제 물건들로 장식된 그의 집은 호화찬란하기 그지없었다. 그러나 그는 집에만 들어오면 도둑이나 강도가 들까 두려워서 자신의 생명과 재산을 지킬 수 있는 여러 장치에 신경을 썼다. 높이 쌓아 올린 담장을 점검하고, 카메라의 작동 상태를 점검하고, 자물쇠도 점검했다. 밖에서의 화려한 생활과는 대조적으로 집 안에 들어오면 이웃집과는 완전히 담을 쌓은 채 자신의 재산과 생명을 지키는 일에만 신경 쓰면서 생활했다. 이웃 간의 대화가 끊기고, 마음의 자유가 없는 회장 집의 실상을 본 투명 소년은 숨통이 막혀 그 집에서 나와 버렸다.

회장 집에서 나온 투명 소년은 다시 대단한 권력가를 따라다니기 시작했다. 그의 뒤에는 수행원과 수많은 기자가 뒤따랐고, 그의 그림자가 비치는 곳이라면 화장실과 목욕탕을 제외하고는 졸졸 따라다녔다. 그래서 그는 한순간도 자신만의 평화로운 시간을 갖지 못했다. 권력가를 온종일 따라다녀 본 투명 소년은 개인적인 자유가 전혀 없는 권력가에게도 실망해서 다른 사람에게로 발길을 돌렸다.

권력가에게서 빠져나온 투명 소년은 이번에는 대단한 인기를 누리고 있는 인기 여배우에게로 갔다. 브라운관에서는 미소를 지으며 아름다운 자태를 드러내던 그녀는 집에 있는 때는 미소조차도 짓지 않았다. 그녀는 외출하기 전에 선글라스를 쓰고 가발을 쓰고 하여 변장을 했다. 변장을 마친 그녀가 외출하기 위해 대문을 나서는 순간 극성팬들이 기다리고 있다가 그녀에게로 달려들어 한바탕 소동이 벌어졌다. 이러한 팬들의 극성 때문에 그녀는 자신이 가고 싶은 장소에도 마음대로 갈 수가 없었고, 먹고 싶은 음식이 있어도 식당에 가서 오붓하게 먹어보질 못했다. 피곤한 몸을 이끌고 집으로 들어온 그녀는 팬들의 전화에 시달려야 했다. 참다못한 그녀는 전화기 코드를 아예 뽑아 버렸다. 날이면 날마다 쌓이는 팬레터 또한 처치 곤란이었다. 인기 있는 것이 오히려 그녀의 자유를 구속시켜 버린 것을 확인한 투명 소년은 여배우에게서도 만족하지 못하고 나왔다.

여배우에게서 나온 투명 소년은 이번에는 예쁜 여자를 따라다녀 보았다. 그녀가 길거리에 나서자 많은 남성의 시선이 그녀에게로 집중되었고, 어떤 남성은 따라와서 차나 한잔하자고 귀찮게 굴기도 하였다. 남성들의 시선 속에서 낮을 보낸 그녀가 밤이 되어 집으로 돌아가고 있었다. 어느 한 청년이 그녀의 뒤를 졸졸 따라오다가 작은 골목길에 들어서는 순간 덮쳤다. 다행히도 그녀는 주위 사람들의 덕분에 위기는 모면했지만, 겁에 질린 채 집으로 돌아왔다. 예쁜 그녀를 하루 동안 따라다녀 본 투명 소년은 마음의 안정을 찾을 수가 없어서 또다시 발길을 돌렸다.

예쁜 여자에게서 떨어져 나온 투명 소년은 자신이 늘 부러워하던 옆집 아저씨에게로 갔다. 그 아저씨는 못 하는 것이 없었기 때문에 주위 사람들로부터 만물박사라는 칭찬을 듣고 있었다. 그가 아침에 일어나자마자 주위 사람들이 각종 문제거리들을 가지고 와서 해결해 줄 것을 부탁했다. 그는 거절하지 못하고 그 사람들의 문제거리들을 해결해 주느라 애를 썼다. 그리하여 그는 자신만의 평화로운 시간을 갖지 못했다. 재주 많은 아저씨를 하루 동안 지켜본 투명 소년은 재주가 많은 것이 오히려 삶을 피곤하게 만든다는 것을 깨닫고 그 아저씨로부터도 만족하지 못하고 나왔다.

자신이 평소에 부러워하며 행복할 것이라고 여겼던 사람들을 따라다녀 보았지만, 모두가 자유를 구속받은 채 살아가고 있는 것을 두 눈으로 똑똑히 확인한 투명 소년은 매우 실망했다.

그래서 이번에는 평범한 사람들은 어떻게 행동하며 살아가는지 따라다녀 보기로 했다. 누구를 따라다녀 볼까 하고 기웃거리던 중 작은 분식집에서 평화로운 가운데 떡볶이를 먹고 있는 평범한 두 명의 젊은 여성을 발견했다.

자유로운 가운데 떡볶이를 맛있게 먹은 그녀들은 분식집에서 나와 다정히 거닐며 쇼핑을 하기 시작했다. 거리를 자유롭게 걸어가도 그녀들을 치근덕거리는 남자는 없었다. 그녀들은 선물 가게에 들어가 작은 인형을 하나씩 산 다음 헤어져 각자의 집으로 돌아갔다. 투명 소년은 그중에 한 여성을 따라가기 시작했다. 캄캄한 골목길을 지나서 집에 들어가는데도 그녀를 따라와서 괴롭히는 남자는 없었다. 집에 들어간 그녀는 세면을 한 다음 저녁식사를 하였다. 친구에게 전화가 걸려오자 자유로운 가운데 통화를 했고,

방에 들어와 책도 읽고 친구에게 문자도 보냈다. 투명 소년이 그녀를 하루 내내 따라다녀 보았지만, 자유를 제한하거나 행동을 위축시키는 그 어떤 장애물도 발견하지 못했다.

다음 날, 투명 소년은 5일 동안의 꿈속 같은 여행에서 깨어나 본래의 소년으로 돌아왔다. 자신이 무척이나 부러워했던 사람들은 오히려 자유의 제한을 받는 반면, 자신이 평소에 눈길을 두지 않았던 평범한 사람들은 아무런 제약을 받음이 없이 자유를 만끽하고 있는 것을 두 눈으로 똑똑하게 확인한 소년은, 타인으로부터 선망의 대상이 되는 사람들을 부러워했던 자신의 어리석음을 깨닫게 되었다.

진정한 자유인이 되려거든 타인의 선망의 대상이 되거나 시선을 받지 말고 평범한 존재로 남아야 한다.

자신의 존재를 돋보이게 하기 위해서 남보다 월등해지는 것은 오히려 자유를 구속하는 원인을 제공하는 것이나 다름없고, 타인들의 시선을 받는 만큼에 비례하여 자신의 삶과 자유는 구속이 되고 만다.

우리는 여기서 모 전직 대통령이 털어놓은 이야기에 주목할 필요가 있다. "나는 서민으로 돌아가고 싶은데 언론이 그렇게 살도록 내버려 둡니까. 나에게는 이 집이 일종의 수용소인 셈이죠." 타인들의 시선은 이렇게 무서운 것이다. 자신은 평범하게 행동하려고 해도 타인들의 시선이 그것을 허용하지 않는다. 잘되면 잘된 대로 입방아를 찧고 못되면 못된 대로 입방아를 찧고, 도대체가 조용하게 살도록 허용하지 않는다.

우리는 타인들로부터 많은 시선을 받고 있는 사람들을 매우 부러워한다. 미혼 여성들은 그런 미혼 남성이 있으면 결혼 상대자로 삼겠다고 터무니없는 꿈을 꾸기도 한다. 그러나 박수를 받는 것도 그들이지만 손가락질을 받는 것도 그들이고, 타인들의 부러움의 대상이 되기도 하지만 시기와 질투의 대상이 되기도 하는 존재가 그들이다. 타인들의 시선을 계속해서 받을 때는 화려한 생활을 하지만 일단 그 시선이 사라지면 스스로 자취를 감추는 것도 그들이라는 것을 잊어서는 안 될 것이다.

벼락이 항상 다른 곳보다 튀어나온 곳에 내리치는 것처럼, 우리들의 시선은 항상 다른 것보다 뚜렷하게 드러나는 것으로 모이기 마련이다. 또 뚜렷이 드러나는 것일수록 사수의 목표물이 되듯, 타인들보다 뛰어나면 모든 이들의 경계의 대상이 되거나 제거되어야 할 존재로도 된다.

권력가가 배신을 당하고, 엄청난 부를 챙긴 자가 감옥에 가며, 미인이 박명하게 되는 것도 모두가 타인들보다 뛰어나서 타인들의 타깃이 되어 준 결과이다.

남보다 많은 시선을 받는 것도 행복한 일이겠지만, 침실까지도 관심의 초점이 되어 들여다보려고 하는 시선이 있다는 것은 매우 불행한 일이다. 사생활에서조차도 자유를 보장받지 못하고 타인들의 시선을 의식해야 한다는 것은 당사자의 입장에서 보면 매우 괴로운 일인 것이다.

벌레의 공격을 가장 먼저 받는 과일은 맛없는 과일이 아니라 가장 맛있는 과일이고, 인간들의 손을 가장 먼저 타는 것은 들꽃이 아니라 예쁜 장미이다. 장미는 예쁘다는 이유 하나 때문에 꽃망울을 터뜨리기도 전에 인간들의 손에 의해 잘려서 꽃병 속에서 시들어가야 하는 것이다.

화려하고 예쁘다는 이유 하나만으로 인간의 손에 의해 꺾여지는 장미가 되기보다는, 비록 인간들의 눈길이 주어지지는 않지만, 하늘을 향해 마음껏 미소 지을 수 있는 들꽃이 되는 것이 더 낫지 않을까?

◆　◆　◆

한 인간에게서 모든 것을 빼앗아 갈 수는 있지만, 한 가지 자유는 빼앗아 갈 수 없다. 바로 어떠한 상황에 놓이더라도 삶에 대한 태도만큼은 자신이 선택할 수 있는 자유이다.

_빅터 프랭클

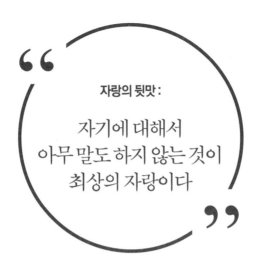

자랑의 뒷맛 :

자기에 대해서 아무 말도 하지 않는 것이 최상의 자랑이다

삶은 잘되는 시기와 못 되는 시기가 번갈아 오며, 어느 것 하나라도 지속되는 것은 없다. 따라서 남이 잘못되었을 때 비웃거나 자신이 잘되었을 때 자랑을 늘어놓으면, 그 반대의 상황이 되었을 때 감당할 수 없게 된다.

부잣집으로 딸을 시집보낸 친정엄마가 "우리 딸 부잣집으로 시집 잘 갔다."라며 만나는 사람마다 붙들고 자랑을 하였다. 그 소문을 들은 사람들은 그 딸과 엄마를 매우 부러워했다.

이렇게 친정엄마의 자랑이 그칠 줄 모르고 계속되고 있었는데, 시집 잘 갔다고 입에 침이 마르도록 자랑을 했던 바로 그 딸이, 결혼

한 지 두 달도 못 되어 이혼하겠다고 전화를 해왔다. 친정엄마는 이렇게 말하며 딸을 타일렀다.

"애, 만나는 사람들마다 붙들고 자랑해 놓았는데 이혼한다면 내 꼴은 어떻게 되니? 엄마 체면을 생각해서라도 네 남편이 하자는 대로 하면서 꾹 참고 살거라."

딸의 전화를 받고 난 이후부터 친정엄마는 시집간 딸 자랑을 하지 않았다. 그리고 한 달여가 지나자 이혼하지 말라고 신신당부해 놓은 딸이 이혼하기로 했다면서 친정으로 돌아왔다. 친정에서는 이 사실이 들통나서 망신당할까 봐 쉬쉬하며 딸에게 다른 사람들의 눈에 띄지 않도록 집 밖에는 나가지도 못하게 하였다.

우리를 언제나 궁지로 몰아넣는 것은 역경뿐만 아니라 지나친 자화자찬도 마찬가지다. 수다를 떨기는 쉬워도 그것을 거둬들이기는 어렵고, 자랑하는 자는 즐거우나 그것을 듣는 자는 도무지 즐겁지 않은 것이 자랑이다. 따라서 자랑은 지속되는 동안은 비행기를 태우지만, 자랑거리가 없어지면 낙하산조차도 태우지 않은 채 내동댕이친다.

자랑거리가 없을 때보다도 자랑거리가 있을 때 더욱더 겸손하게 처신하는 것이 세상 살아가는 지혜다. 그렇지 않고 경솔하게 자랑을 해 놓으면 그 반대의 상황이 되었을 때 몸을 숨길 곳이 없어진다. 자신의 처지가 잘못되었을 때 몸을 숨기기 위해서 이곳저곳을 기웃거려야 하는 것도 자신의 처지가 잘되었을 때 경솔하게 처신해 놓은 어리석음의 대가이다.

타인들에게 늘어놓는 자랑은 타인들의 입장에서는 자신들을 무시하는 것으로 받아들인다. 한쪽이 우월감을 나타내면 다른 한쪽은 상대적으로 열등감을 느껴야 하기 때문이다. 내가 하는 자랑이 타인들의 귀에 거슬리는 이유도 여기에 있고, 자랑에 대하여 타인들이 보여 주는 시기심도 자랑거리가 없어지기를 바라거나 역으로 당하기를 바라면서 상대적으로 떨어졌던 가치를 끌어올리려고 하는 데서 일어나는 심리적 표현이다.

타인들은 비위에 거슬리는 말에도 등을 돌리지만 자랑하는 말에도 등을 돌린다. 자랑을 늘어놓는 순간, 자랑거리가 없는 상대방은 상대적 열등감과 소외감을 느껴 스스로 등을 돌리는 것이다. 자신이 잘되면 잘될수록 타인들이 오히려 경계하고 멀리하는 것도 그들 스스로 상대적 열등감과 소외감을 느끼기 때문이다.

◆ ◆ ◆

자기 자신에 대해서는 좋게도 나쁘게도 말하지 말라. 좋게 말하면 믿어 주지 않을 것이고, 나쁘게 말하면 남들은 그대가 말한 이상으로 나쁘게 생각할 것이다. 그러므로 제일 좋은 것은 자기에 대해서는 아무 말도 하지 않는 그것이다.

_존 러스킨

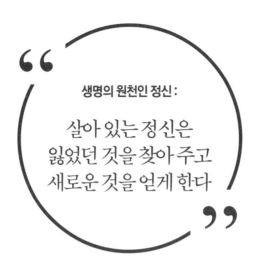

생명의 원천인 정신 :

살아 있는 정신은
잃었던 것을 찾아 주고
새로운 것을 얻게 한다

생선 썩은 냄새가 아무리 고약하다 한들, 불과 몇 걸음만 물러나면 맡아지지 않는다. 사람의 정신이 썩으면 비록 냄새가 풍겨지지 않아도 거기에서 나오는 불쾌감은 천리만리까지 퍼져나가 모든 사람이 멀리멀리 피한다.

외출 중에 화원 앞을 지나다가 화분에 심어있는 나무가 너무나 좋아 보여서 하나 사 가지고 들어왔다. 계절에 관계없이 아름다운 잎을 자랑하는 나무라기에 책상 위에 올려놓고 틈나는 대로 잠깐 잠깐 바라보곤 했다.

그런데 며칠이 지나자 그 예쁘던 잎들이 하나, 둘 떨어지기 시작했다. 처음에는 갑자기 환경이 바뀌어 그렇겠거니 하고는 별로 신경 쓰지 않았다. 그러나 잎은 자꾸만 떨어져 마침내는 앙상한 가지만 남아 버렸다. 속이 상해서 당장 내다 버릴까 하다가 뿌리가 살아 있을지도 모른다는 실낱같은 희망을 갖고 주기적으로 물을 주면서 관리했다.

겨울이 지나고 봄이 되었을 때, 앙상하기만 하던 가지에서 새싹이 돋아나기 시작했다. 기쁜 마음에 더욱 정성을 쏟았더니 늦은 봄부터는 원래 사 올 때의 모습을 되찾았다.

몸에 상처가 나는 것쯤은 괜찮다. 주머니가 며칠 비어도 괜찮다. 생명이 끊기지 않을 정도의 굶주림도 괜찮다. 중요한 부분만 감출 수 있으면 허름한 옷도 괜찮다. 마음속에 정신만 살아 있으면 다 아물고 다 채워진다.

나무에서의 핵심은 뿌리이듯이 인간에게서 핵심은 정신이다. 나뭇잎이 다 떨어졌어도 뿌리만 살아 있으면 다시 잎을 내미는 것처럼, 또 뿌리만 죽지 않고 살아 있으면 나뭇잎 몇 잎 떨어지는 것쯤은 대수롭지 않은 것처럼, 인간도 정신만 살아 있으면 잃은 것을 다시 찾을 수 있다.

그렇다. 정신만 살아 있으면 물질적인 것을 좀 잃는 것은 대수롭지 않다. 하지만 정신을 빼앗기면 모든 것을 다 빼앗기는 것이고, 육신조차도 쓸모없게 만들어 놓는다.

정신을 차리면 호랑이에게 물려가도 살아나올 수 있지만, 정신이 죽으면 방 안에 편안히 누워있어도 시체나 다름없다. 그렇기 때문에 외부의 시련과는 무관하게 정신을 지킬 수 있다는 것은 위대한 일인 것이다.

정신이 살아 있는 자에게는 얼마든지 밝은 미래가 약속된다.

살아 있는 정신은 마음먹기에 따라 잃었던 것을 다시 찾아 주고, 새로운 것을 얻게 해 준다. 또 살아 있는 정신은 거센 물결을 포용하는 댐과 같아서 아무리 큰 시련도 감싸주었다가 새 출발을 할 수 있는 힘을 뿜어내 준다.

◆ ◆ ◆

나의 목숨은 네가 빼앗아도 나의 정신만은 빼앗지 못하리라.

_김구

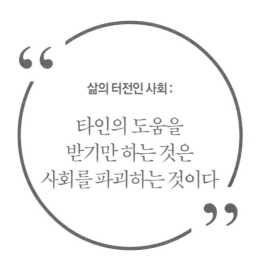

삶의 터전인 사회 :

타인의 도움을
받기만 하는 것은
사회를 파괴하는 것이다

우리에게 있어 사회는 생명의 밭이며 삶의 터전이다. 모든 식물이 토양에 뿌리를 내리고 그 뿌리를 통해서 양분을 취해서 살아가듯, 우리는 사회에 보이지 않는 줄을 쳐 놓고 그 줄을 통해서 자신이 필요로 하는 것들을 얻어서 살아가고 있다.

30여 명의 사원이 일하고 있는 어느 중소기업에 임금 인상 쟁의가 시작되었다. 그 중소기업도 다른 중소기업들과 마찬가지로 심한 자금 압박을 받고 있었다. 매일 매일을 살얼음판을 걷는 듯한 상태로 자금 문제를 극복해 나가고 있었다. 이 사실을 사원들도 잘 알고 있었지만, 물가가 올라서 더 이상은 버틸 수 없다는 구실을

내세워 임금 인상을 요구했다. 이 요구를 받은 사장은 사원들을
모두 모아 놓고 호소하기 시작했다.

"여러분, 회사가 존재해야 여러분과 제가 존재할 수 있습니다. 회
사가 무너지면 우리 모두는 직장을 잃고 길거리고 나가야 합니다.
회사가 위기에 처해 있는 것은 제가 굳이 설명하지 않아도 여러분
이 더 잘 알고 있을 것입니다. 물론 여러분의 생활도 어렵다는 것
을 모르는 것은 아닙니다. 어렵더라도 조금만 더 참고 함께 이겨
나갑시다. 그러면 머지않아서 기쁜 소식이 있을 거라고 굳게 믿습
니다. 우리 모두 힘을 합쳐 회사부터 살려 놓고 봅시다."

사장의 간절한 호소에도 불구하고 사원들은 자신들의 요구를 관
철시키려는 생각에서 쟁의를 멈추지 않았다. 임금을 올려 주고 싶
어도 돈이 없어서 올려 주지 못하는 사장은 애를 태우면서 사원들
을 설득했지만, 오히려 사원들은 작업을 중단하면서 쟁의를 벌이
기 시작했다.

가뜩이나 어려운 회사가 작업 중단으로 해서 위기에 몰리더니, 결
국에는 견디지 못하고 부도가 나 버렸다.

부도가 나자 회사의 문은 굳게 잠겨 버렸고, 사원들은 하루아침에
갈 곳 없는 실업자가 되었다. 월급도 두 달 치나 받지 못한 형편이
되어 버렸다.

토양이 없는 곳에 식물이 존재할 수 없듯, 사회가 없는 곳에 우리
는 존재할 수 없다. 남이야 죽든 살든 자신만의 이익을 챙기고, 남이

야 어떻게 되든 자신만의 편리함을 위해 사회를 외면하는 것은 스스로 생명줄을 거두는 행위이다. 식물을 건강하게 키우기 위해서는 무엇보다 먼저 토양을 기름지게 만들어 놓아야 하는 것처럼, 우리가 건강하게 존재하기 위해서는 희생심을 발휘하여 사회를 건강하게 만들어 놓아야 한다. 토양이 오염되면 식물이 피해를 입게 되고, 사회가 오염되면 바로 우리 자신이 피해를 입게 된다.

오늘 내가 영광을 누리며 살아갈 수 있는 것도 나를 에워싸고 있는 모든 사람의 수고와 희생의 대가다. 그러므로 내 주위에 있는 사람들을 소중히 여겨야 한다.

나보다 지위가 낮다고, 나보다 약자라고, 나보다 하찮은 일을 하고 있다고, 나보다 못 배웠다고 얕잡아 보고 무시하는 사람에게조차도 생명줄을 연결시켜 놓고 알게 모르게 도움을 받으며 살아가고 있는 존재가 바로 '나'라는 것을 잊지 말고 살아가야 한다.

◆　◆　◆

우리의 생활은 서로 관련성을 가지고 있어서 타인의 도움 없이는 살아갈 수 없다. 그러나 그 도움은 상호적인 것이라야 한다. 타인의 도움을 받기만 하는 것은 사회를 파괴하는 것이다.

_**톨스토이**

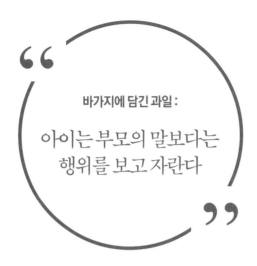

아이는 부모의 말보다는
행위를 보고 자란다

아이들의 눈과 귀는 무비 카메라와 같아서, 어른들이 무심코 내뱉은 말 한마디조차도 놓치지 않고 담아 두었다가 틈날 때마다 그대로 재생시킨다. 그런데도 어른들은 아이의 언동이 그르다고만 나무란다.

초등학교 미술시간이었다. 선생님은 학생들에게 자신이 먹고 싶은 과일을 그리라고 했다.

어린 학생들은 고사리 같은 손으로 크레파스를 쥐고 자신이 먹고 싶은 과일을 정성껏 그리기 시작했다. 어떤 학생은 예쁜 바구니에 담긴 과일을 그리는가 하면, 어떤 학생은 접시에 담긴 과일을 그리고 있었다.

그런데 한 학생이 바가지에 담긴 과일을 그리고 있었다. 그래서 선생님이 물었다.

"너는 왜 과일이 바가지에 담겨 있니?"

이 질문을 받은 어린 학생은 똑똑하게 대답했다.

"우리 집에서는 과일을 먹을 때 바가지에 담아서 먹어요."

모든 인간의 두뇌는 비디오의 공테이프와 같은 상태로 태어난다. 그리하여 눈과 귀가 뜨이는 순간부터 감각기관을 통해서 인지되는 모든 행동들을 축소하지도, 확대하지도, 빠뜨리지도 않고 그대로 텅 빈 두뇌 속에 담아 넣는다. 그랬다가 틈이 나면 그것을 재현해 본다. 춤도 춰보고, 박수도 치고, 노래도 불러보고, 깔깔깔 웃어보기도 한다. 스스로 신기해서.

아이가 하는 모든 행동은 모두가 주위 환경에서 보고 듣고 한 것을 담아 놓았다가 다시 재현하는 것에 불과하다.

아이들은 자기제어력과 판단력이 부족하기 때문에 과장할 줄도 모를 뿐만 아니라, 거짓으로 꾸며댈 줄도 모르고, 언제나 투명하고 정직하다. 그렇기 때문에 아이를 나무라는 것은 어른들의 잘못된 행동과 태도를 아이를 이용해서 간접적으로 나무라는 것이나 다름이 없다.

어른들이 하는 행동 중에서 좋은 행동만 모방하고 나쁜 행동은 모방하지 않기를 기대하는 것은 어디까지나 어른들의 사정일 뿐 아이들의 사정과는 별개다.

아이의 눈앞에 보이는 존재 모두는 아이의 스승이며, 아이는 스승의 행동을 하나도 빠뜨리지 않고 정직하게 담아둘 뿐이다. 따라서 아이가 나쁜 행동을 했다면 그것은 어느 누군가 그런 행동을 보여줬기 때문이며, 아이에게서 옳은 행동을 기대한다면 어른들 스스로 옳은 행동을 보여줘야만 한다.

◆　◆　◆

아이를 기르는 데 있어 가장 중요한 것은 아이는 부모의 말보다는 행위를 보고 자란다는 것이다. 아이가 언어 이상으로 판단의 기준으로 삼는 것은 부모의 행위 – 태도이다.

_웨인 W.다이어

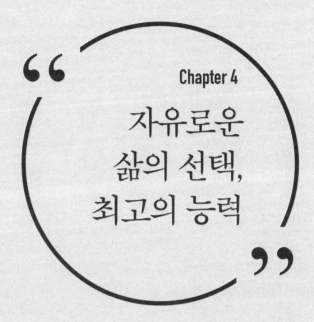

Chapter 4

자유로운
삶의 선택,
최고의 능력

이기심에 눈이 어두워 작은 이익에 집착하여 살아가면 평생을 넓은 세상과는 등진 채 작은 세상을 살아갈 수밖에 없다. 작은 세상에서 벗어나 넓은 세상에서 큰 삶을 살기 위해서는 온통 자신만을 향해 있는 시선을 더 넓은 곳으로 향하게 해야 한다.

운명이 그대를 어디에 던져 넣더라도, 그대의 본질과 정신생활은
그대와 함께 있을 것이다. 또한 자기의 존재 이유에 대하여
확고한 신념을 가질 때, 그대는 항상 자유와 힘을 가지게 될 것이다.
어떠한 외면적 행복이나 위대한 것일지라도
그대의 존엄과 자유를 파괴당하는 것은 가치가 없다.

오레리아스

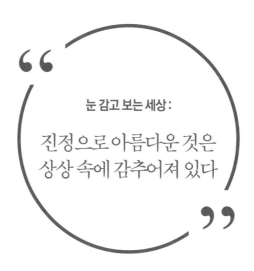

눈에 보이는 아름다움이 전부는 아니다. 진귀한 보석이 땅속 깊이 숨어 있듯 진실로 가치있는 아름다움은 눈 뜨고 볼 수 없는 곳에 숨겨져 있으며, 그것은 눈을 감거나 실물을 보지 않음으로써만 볼 수 있다.

어느 맹아학교의 교정이 매우 아름답게 꾸며져 있었다. 정상인의 감각으로서는 도저히 표현할 수 없을 만큼 다양한 꽃들과 나무, 조각 등이 멋지게 어우러져 있었다.
한 방문객이 교장에게 물어보았다.
"학생들은 보지도 못하는데 왜 이렇게 교정을 아름답게 꾸며 놓았습니까?"

교장이 대답했다.

"정상인들은 우리 맹아들은 아무것도 보지 못한다고 생각합니다
만, 우리는 눈 뜨고 사는 사람들보다 어쩌면 더 아름다운 세계를
보고 있을지도 모릅니다. 이 교정은 우리가 보고 있는 세계를 그
대로 옮겨 놓았을 뿐입니다.

우리는 소경들을 아름다운 세상을 전혀 볼 수 없는 딱한 존재들로
인식하고 있는 경향이 있다. 그러나 그것은 눈으로 보는 아름다움이
아름다움의 전부인 양 착각하는 눈뜬 자들의 어리석음일 뿐이며, 소
경들의 입장에서 보면 우리는 그들이 볼 수 있는 세상을 보지 못하
는 딱한 존재들이 된다.

실물을 직접 봄으로써 아름다움을 만끽할 수도 있지만, 실물을 보
지 않음으로써 더 환상적인 아름다움을 만끽할 수 있는 경우가 많
다. 실물의 나체보다는 상상 속의 나체가 언제나 아름다운 것처럼
말이다.

실물을 확인함으로써 전에 가졌던 아름다움이 실망으로 뒤바뀌는
경우도 있는데, 그 하나의 좋은 예가 하늘에 떠 있는 달에 대한 우리
들의 감정이었다.

달에 인간의 발이 닿기 전까지는 달에 대한 동경과 아름다움은 끝
이 없었다. 계수나무가 한 그루 있고, 토끼 두 마리가 살고 있을 것이
라는 희망과 함께 많은 시와 노래가 쏟아져 나왔다. 그러나 달의 실

상을 눈으로 확인한 후부터 달에 대한 우리의 감정은 애석하게도 모두 메말라 버리고 말았다.

눈을 뜨고 있다고 해서 아름다운 것을 다 보는 것은 아니다.

진정으로 아름다운 것은 눈으로 볼 수 없는 마음 – 상상 속에 감추어져 있다. 따라서 우리는 눈에 보이는 아름다움만 보기 위해서 눈을 뜨는 대신에 눈에 보이지 않는 아름다움을 보기 위해서 가끔씩은 눈 – 상상 속의 눈을 떠봐야 한다. 그럼으로써 우리는 새로운 세계로 여행을 떠날 수 있고, 눈 뜨고 보지 못하는 더 넓은 세상도 볼 수 있게 된다.

◆ ◆ ◆

미(美)란 어디에나 있다. 결코 그것이 우리의 눈앞에 존재하지 않는 것이 아니고, 우리의 눈이 그것을 찾지 못할 따름이다.

_로맹롤랑

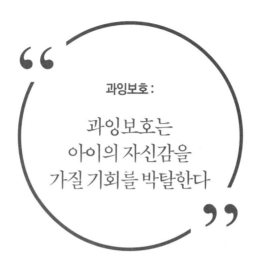

과잉보호는
아이의 자신감을
가질 기회를 박탈한다

　사랑하는 자식에게 호강을 시켜 주는 것은 유쾌한 일이지만, 매를 든다는 것은 매우 가슴 아픈 일이다. 그렇지만 그러한 마음은 그 자식이 성장하여 성년이 되었을 때 뒤바뀌어 버리니 너무 가슴 아파할 필요는 없다.

　대학가에서 하숙을 치는 아주머니가 있었다. 아주머니는 부모의 품속을 떠나 고생하면서 공부하고 있는 학생들을 친자식처럼 여기며 따뜻하게 대해 주었고, 하숙생들도 아주머니를 엄마처럼 생각하며 지냈다. 그 아주머니에게도 대학생 아들이 한 명 있었는데, 아주머니는 아들에게도 꼬박꼬박 하숙비를 받았다. 아들에게

서조차 하숙비를 받는 아주머니의 태도가 이상해서 그 이유를 물어보았더니, 아주머니는 이렇게 대답했다.

"제가 돈을 벌려는 욕심이 있어서가 아니에요. 부모 곁을 떠나 힘들게 공부하고 있는 다른 학생들을 보고서 내 아들도 무엇인가 깨닫게 하기 위해서예요."

자식을 아끼고 사랑하며 남의 자식보다 훌륭한 사람으로 만들고자 하는 생각은 어느 부모나 다 가지고 있지만, 자식을 아끼고 사랑하는 것과 과잉보호를 구별할 줄 아는 부모는 그리 많지 않다. 대개의 부모들은 과잉보호하는 것이 자식을 사랑하고 아끼는 것이라는 사고방식을 가지고 있어서 자신은 고생이 되어도 자식은 호강시켜야 한다며 자신들의 인생을 온통 자식에게 바쳐 버린다.

그러나 사랑하는 것과 과잉보호는 구분할 줄 알아야 한다. 사랑이 곧 과잉보호는 아니며, 진정한 사랑 속에는 매와 충고도 포함되어 있다는 것을 깨달아야 한다. 따라서 자식이 잘못했을 때 매를 드는 것은 미워하는 것이 아니라 사랑하는 것이 되며, 반대로 자식이 잘못하는데도 무조건 감싸고 도는 것은 사랑하는 것이 아니라 미워하는 것이 된다.

계란을 병아리로 만들기 위해서는 껍질을 깨야 하는 아픔을 겪어야 하고, 나무가 반듯하게 성장하기 위해서는 잔가지가 잘리는 희생을 치러야 하듯, 자식을 꿋꿋한 사회인으로 만들기 위해서는 부모의 품속에서 과감하게 내놓을 줄을 알아야 한다. 세상이 험난하다 하여 그 자녀를 감싸고 도는 것은 오히려 자녀를 고립시켜 우물 안 개구리로 만드는 결과를 가져온다.

세상이 험난한 것은 과거나 지금이나 마찬가지고 그것은 생존의 경쟁이기 때문에 어쩔 수 없는 일이다. 또 인간은 태어나면 사회 속에서 살아가야 하기에 부모가 아무리 품속에서 내놓기 싫어해도 자식이 성장하면 당연히 내놓아야 한다. 자식이 귀하다 하여 감싸고 돌다가 성년이 된 다음에야 마지못해서 내놓는 것은 미숙한 자식을 사회에 내놓는 것이나 다름없다. 그러한 자식이 사회의 냉엄한 세파에 부딪혀 좌절할 것은 뻔한 일이다.

총만 들었다고 전쟁터에서 적을 격퇴할 수 있는 것도 아니고, 야구 방망이만 들었다고 경기장에서 안타나 홈런을 칠 수 있는 것도 아니다. 전쟁에서 이기고, 경기에서 승리하기 위해서는 철저한 조련과 훈련이 필요하다. 자식 또한, 삶의 전쟁터에서 꿋꿋이 살아가게 하기 위해서는 어려서부터 훈련과 교육을 통해 반듯하게 성장시켜야 하고, 자식이 귀여우면 귀여울수록 더 엄하게 대해야 한다.

◆　◆　◆

사치로 자녀를 떠받드는 것은 그 자녀를 사랑하기 때문이다. 그러나 그 사랑이 마침내는 그 자녀를 해롭게 하는 원인이 된다.

_이언적

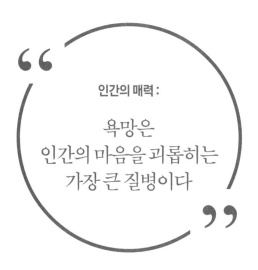

인간의 매력 :

욕망은
인간의 마음을 괴롭히는
가장 큰 질병이다

찬란히 빛나는 태양도 양지와 음지를 만들어내는 것처럼, 아무리 완벽한 인간이라도 양면적인 성품을 지니고 있어서 잘하는 면과 못하는 면이 있다. 그러므로 인간의 가치는 완벽함에 있는 것이 아니라 완벽함을 추구해 나가는 그 자체에 있다.

유치원 선생이 있었다. 명문대학을 나온 그녀는 아이들에게 자상하고 친절한 가르침을 주었기 때문에 아이들이나 부모들 사이에서 훌륭한 선생이라는 찬사가 퍼질 정도로 인기가 좋았다.

그녀에게도 다섯 살 된 딸이 있었다. 그러나 그녀는 유치원에서와는 달리 집에 돌아오면 딸에게 자상한 교육은 고사하고 윽박지르고 짜증 내면서 귀찮아했다. 이런 사실을 전혀 모른 사람들은 선생이 자기 딸에게도 훌륭하게 교육시킬 거라며 부러워했다.

하나를 잘한다고 해서 그 외의 것도 모두 잘한다고 보는 것은 잘못이다. 모든 것이 장점이 있으면 단점이 있기 마련이다. 모든 것을 다 잘한다고 하는 것만큼 특징 없는 인간도 없다. 바꿔 말하면 아주 잘하는 것은 하나도 없다는 뜻이 되기 때문이다. 또 완벽한 사람이라는 말처럼 인간의 가치를 없애 버리는 것도 없다. 그것은 바꿔 말하면 인간이 아니라 기계라는 뜻이 되기 때문이다.

우리의 가치는 완벽함에 있는 것이 아니라 완벽하지 못한 면이 얼마나 없느냐에 있고, 완벽하기 위해서 노력하는 것보다 완벽하지 못한 면을 얼마나 슬기롭게 메워나가느냐에 있다. 인생사에서 완벽이 없다는 것은 다행한 일이다. 만약에 모든 인간이 완벽하다면 우리의 존재 가치는 상실되고 만다. 우리가 오늘 즐거운 마음으로 생업에 열중할 수 있는 것도 인간이 완벽하지 못하기 때문이며, 그 완벽하지 못한 면을 메우기 위한 목적에서인 것이다.

◆ ◆ ◆

완전하려는 욕망은 인간의 마음을 괴롭히는 어떤 질병보다 더 무서운 질병이다.

_퐁탄

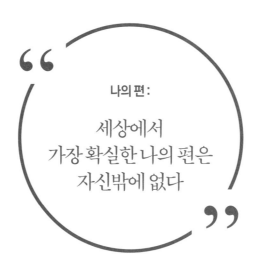

나의 편:

세상에서
가장 확실한 나의 편은
자신밖에 없다

나에게 호감을 갖고 칭찬을 해 준다고 해서, 또 아는 사이라고 해서 나의 편이라고 믿는 것은 어리석은 일이다.

무정란은 아무리 품어도 병아리가 되지 않듯 진실함이 결여된 사람은 아무리 정성을 기울이고 선심을 베풀어도 나의 편이 되어 주지 않는다.

한 젊은 여성에게 고향 친구로부터 다니던 직장을 그만두고 옷가게를 냈다는 전화가 걸려왔다. 어렸을 적부터 친한 친구 사이였던 이들은 서울에 와서도 틈만 나면 만나서 시간을 함께 보내는 등 친하게 지내는 사이였다.

"옷을 사 입을 일이 있으면 다른 가게로 가지 말고 꼭 내 가게로 와야 한다. 나한테 오면 속이지도 않고 다른 가게보다 싸게 줄 테니까."

"축하한다. 마침 가을옷이 없어서 하나 사 입을까 했는데 잘됐다. 이번 주말에 갈게."

즐거운 주말, 그녀는 산뜻한 기분으로 친구가 새로 낸 옷가게로 나갔다. 언제나처럼 친구와 수다를 떨며 그동안 밀린 이야기를 쏟아내었다. 실컷 수다를 떨고 나서 가게에 있는 옷 중에 마음에 드는 옷을 한 벌 골랐다.

그때 옷가게 친구가 말했다.

"이 옷 디자인도 잘 나왔고, 원단이 너무너무 좋은 거야. 다른 사람에게는 20만 원까지도 받는데 너한테는 내가 남기지 않고 원가로 10만 원에 줄게."

"애, 장사인데 좀 남아야지 어떻게 남기지 않고 그냥 주니? 내가 만원 남겨 줄게."

장사하는 친구에게 11만 원을 주고, 다음에 또 오겠다는 말과 함께 기분 좋게 가게를 나섰다.

집으로 돌아오기 위해서 지하도를 지나가는데, 어느 옷가게에 조금 전 친구 가게에서 산 옷과 똑같은 옷이 매장에 진열되어 있는 것이 눈에 들어왔다. 그런데 그 옷에 5만 원이라는 가격표가 붙어 있었다. '어, 옷감이 다른 건가?' 그녀는 궁금해서 그 가게로 들어가 옷을 자세히 살펴보았다.

그런데 그 옷은 친구 가게에서 산 옷과 조금도 다르지 않았다.

"이 가격표 잘못 붙여 놓은 거죠?"

"예? 가격표대로 5만 원입니다."

깊은 물보다는 얕은 물이 나에게 더 위협을 안겨주듯, 무뚝뚝한 사람보다는 마음에도 없는 호감을 베풀어 주는 사람이 나에게는 더 위험한 존재다.

깊은 물에는 미리 경계심을 가져서 빠져들지 않지만 얕은 물에는 경계심을 가지지 않아서 쉽게 빠져드는 것처럼, 무뚝뚝한 사람은 미리 경계할 수 있어서 그의 꾀에 웬만해서는 빠져들지 않지만, 호감을 베풀어 주는 사람은 경계하지 않다가 그의 함정에 쉽게 빠져드는 것이다.

잘했다고 박수를 보내주는 것만으로, 함께 술잔을 나누는 것만으로, 사소한 봉사를 하는 것만으로 나의 편이 되었다고 오해해서는 안 된다.

또 내가 상대방의 편이 되어 주었다고 해서 상대방도 내 편이 되었다고 오해해서도 안 된다.

나의 편이 아닌 사람을 나의 편이라고 믿는 것은 내가 쥔 카드를 상대방에게 일방적으로 보여주는 것과 다름없는 실수를 범하게 되는 것이다.

가장 확실하게 나의 편인 사람은 나밖에 없음을 명심해야 한다. 따라서 지나치게 나를 위해 주거나 지나치게 간사함을 떨거나 지나치게 칭찬만 일삼는 사람을 경계해야 한다.

진실한 마음에서 나오지 않는 호감보다는 진실한 마음으로부터 우러나오는 무뚝뚝함이 나에게는 더 이롭다.

진정으로 나를 위하는 사람은 값싼 '동정' 대신에 진실한 '마음'을 준다.

◆ ◆ ◆

물속 깊이 있는 고기와 하늘 높이 떠다니는 기러기는 쏘고 낚을 수 있으나, 오직 사람의 마음은 바로 지척 간에 있음에도 가히 헤아릴 수 없느니라.

_명심보감

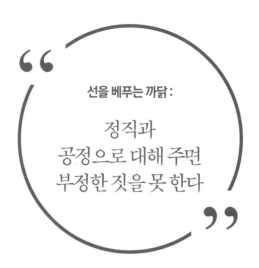

선을 베푸는 까닭 :

정직과
공정으로 대해 주면
부정한 짓을 못 한다

궁지에 몰린 쥐를 쫓으면 도리어 물리는 것처럼 오기를 바로잡기 위해서 강압적인 방법을 쓰게 되면 걷잡을 수 없는 오기로 진전하게 된다.

오기를 잘 다스려 바른길로 인도하기 위해서는 인간적 진실에 호소하여야 한다.

소매치기를 하여 열 번째 교도소 생활을 마치고 나오는 한 청년이 있었다. 그는 교도소를 나오면서 '또 다시 소매치기를 한다면 내 손을 잘라버리겠다'고 다짐했다.

고아인 그에게는 가족도 재산도 없었기 때문에 당장 생계부터 걱정해야 했다.

그는 교도소에서 나온 날부터 먹고살기 위해 마땅한 일자리를 알아보러 다녔다. 그러나 그는 전과자라는 이유 하나만으로 번번이 거부당했다.

사회의 차가운 눈초리에 오기도 생겼지만, 자신이 지난날 저지른 행동의 대가라고 생각해서 꾹 참고는 어떻게든 죄짓지 않고 바르게 살아보기 위해서 안간힘을 썼다.

아무리 생각해 보아도 그가 할 일은 혼자서 하는 일밖에 없었다. 포장마차라도 하고 싶었지만, 자금이 없는 그로서는 엄두도 못 낼 일이었다. 그래서 그가 최후로 선택한 것은 구두닦이였다. 건물 모퉁이에서 아침 일찍부터 밤늦게까지 열심히 구두를 닦으면서 생활했다.

그런데 열심히 살고 있는 그를 괴롭혔던 것은 생활고가 아니라 주위 사람들의 차가운 눈초리였다. 전과자란 소문이 서서히 퍼지면서부터 사람들은 그를 은근히 피하는 눈치였고, 차츰 구두를 닦으러 오는 사람의 숫자도 줄어들고 있었다. 그래도 그는 아랑곳하지 않고 열심히 구두를 닦았다.

하지만 열심히 살아보려는 자신을 믿지 못하는 주위 사람들의 차가운 눈초리는 좀처럼 누그러지지 않았다. 그러자 그의 마음 한구석에서는 서서히 삶에 대한 회의와 오기가 생기기 시작하였고, 결국에는 다시 소매치기를 하다 교도소로 들어갔다.

교도소로 다시 들어온 청년을 보고, 그를 잘 알고 있던 교도관이 물었다.

"다시는 죄짓지 않겠다고 내 앞에서 맹세해 놓고 왜 또 소매치기를 했냐?"

그러자 청년이 대답했다.

"사회의 차가운 눈초리를 받고 사느니보다 차라리 죄를 짓고 떳떳하게 교도소 생활을 하는 것이 편해서입니다."

인간을 선한 인간, 악한 인간으로 나누는 것은 잘못이다. 모든 인간은 선과 악을 동시에 가지고 태어나서, 따뜻한 감정에 싸이면 선하게 살아가고, 차가운 감정에 싸이면 악하게 살아간다. 따라서 누구나 다소의 악은 가지고 있다. 그 악이 발동되지 않고 있는 것은 따뜻한 감정에 싸여 있기 때문이며, 차가운 감정에 휘말리면 언제라도 발동되어 악을 저지르게 된다.

악을 악으로 풀면 오히려 악화한다. 악은 인간의 따뜻한 감정으로만 풀 수 있으며, 아무리 강한 악도 인간의 따뜻한 감정에 싸이면 선으로 돌아온다.

인간과 인간을 연결시키는 것은 악이 아니라 선이며, 따라서 잘못된 인간을 우리와 연결시키기 위해서는 악에 대신해서 선을 베풀어야만 한다.

옳지 못한 일이 저질렀다고 하여 옳지 못한 대접을 하게 되면 계속해서 옳지 못한 행위를 하려고 하는 것이 오기이다. 따뜻한 관심 대신에 차가운 눈총을 보내고, 사랑 대신에 미움을 보내며, 미소 대신에 쓴 웃음을 보내고, 신용 대신에 의심을 보내는 데서 오기가 발동되는 것이다. 따라서 오기를 바른길로 인도하기 위해서는 옳지 못한 일에 오히려 옳은 대접을 해 주는 통이 큰 사랑이 필요하다.

인간적으로 대우해 주면 스스로 나쁜 행동에서 벗어나는 것이 인간의 양심이며, 이러한 양심은 악한 사람이라고 해서 예외가 되는 것은 아니다. 그럼에도 불구하고 악이 끊임없이 저질러지는 것은, 그를 대하는 모든 사람이 따뜻한 마음 대신에 차가운 눈총을 보내서 양심을 꽁꽁 얼려 놓기 때문이다.

◆　◆　◆

사람을 속이는 인간일지라도 진심으로 신뢰를 해 주고, 정직 공정한 인물로서 상대해 주면 좀체 부정한 짓을 못 하는 법이다.

_제임스 L 토머스

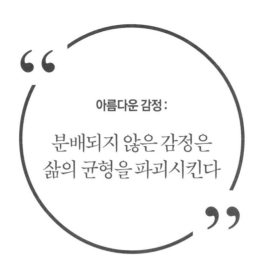

ア름다운 감정 :

분배되지 않은 감정은
삶의 균형을 파괴시킨다

우리의 삶이 좀 더 가치있고 행복해지기를 바란다면, 아름다운 감정을 어느 한 곳에만 집중시키지 말고 모든 삶에 고루 분산시켜야한다.

아름다운 감정이 어느 한 곳으로만 몰리게 되면 삶의 균형은 파괴되고, 아름다운 감정을 제대로 받지 못하는 부분의 삶은 생기를 잃는다.

훈련소에서 훈련을 받을 때의 일이다. 무슨 교육을 받든지 간에 교육을 받는 훈련병들은 따분하고 지루해한다. 그래서 훈련을 시키는 조교들은 교육을 시키다가 가끔씩 조교 자신의 개인적인 이야기를 해 주곤 한다. 어떨 때는 인생을 살아가는 데 교훈이 될 만한 이야기를 해 주고, 어떨 때는 농담도 해 주며, 어떨 때는 여자에 관한 이야기를 해 준다.

그런데 이 중에서 가장 흥미 있어 하는 이야기는 여자들에 관한 이야기다. 교육을 시키거나 인생에 교훈이 될만한 이야기를 해 줄 때는 꾸벅꾸벅 졸다가도 여자 이야기만 나오면 졸기는커녕 눈알이 반짝반짝 빛난다.

이성(異性)에게 관심을 가지는 것은 인간의 본능이고 조물주의 뜻이기도 하다. 그렇다고 이성에 대하여 지나친 관심을 가지는 것은 동물적인 본능으로 타락하는 것이다.

인간은 조물주로부터 최대의 선물인 이성(理性)과 지능을 부여받았기 때문에 이성(異性)에 대한 감정을 적절히 통제할 줄 알아야만 한다.

이성이란 달콤하기도 하지만 쓰디쓰기도 하고, 우리에게 희망을 주기도 하지만 빼앗아 가기도 한다. 사랑의 시초가 되기도 하지만 사랑의 종말도 되고, 사랑의 대상이 되기도 하지만 증오의 대상이 되기도 한다. 또한 미소를 머금게도 하지만 눈물을 흘리게도 하기 때문에 우리가 가진 감정을 오로지 이성에게만 쏟아붓는 것은 위험한 일이다.

사랑하는 이성과 이별한 후 삶의 의미를 상실해 버리는 것도 아름다운 감정을 이성에게만 쏟아부은 데서 오는 결과다.

우리가 가진 아름다운 감정을 오로지 이성에게만 빼앗겨서는 안 된다.

햇빛과 수분을 받지 못하는 식물이 제풀에 말라 죽듯, 아름다운 감정을 받지 못하는 부분의 삶은 생기를 잃기 마련이다. 따라서 모든 삶에 생기를 불어넣어 삶의 의미와 가치를 되살리기 위해서는 이성에게만 집중되어 있는 아름다운 감정을 모든 삶에 균형 있게 고루 분산시켜야 한다.

◆　◆　◆

인생에 있어서 그대의 자유를 육욕의 봉사에만 쓰지 않는다면 그대는 이지의 빛을 얻게 되며, 그 빛을 흐리게 하는 정욕에서 벗어난 정신은 참으로 강한 것이 될 것이다.

_오베리아스

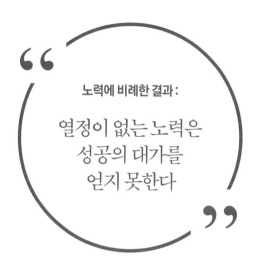

노력에 비례한 결과 :

열정이 없는 노력은
성공의 대가를
얻지 못한다

성공한 부자에게 어떻게 해서 부자가 되었느냐고 묻지 말라. 열심히 일한 덕분이므로 가난한 사람에게 왜 이렇게 가난하게 사십니까? 하고 묻지 말라. 게을러서 일하지 않았으므로, 성공한 사람에게 어떻게 해서 성공했느냐고 묻지 말라. 헌신의 노력을 한 대가이므로.

도심에 있는 지하상가에 새로 가게를 낸 사람이 있었다. 영업시간은 오전 8시부터 오후 10시까지였지만 그는 12시가 되어서야 문을 열었고, 오후 6시만 되면 문을 닫고 들어갔다. 그나마 문을 열고 영업을 하는 시간에도 손님이 없으면 문을 잠가 놓고 자기 볼일을 보러 다녔다.

이런 식으로 장사를 해서 한 달 후에 결산해 보니 겨우 가겟세를 낼 정도밖에는 되지 않았다. 그는 장사가 되지 않는 것은 자신의 나태함 때문이 아니라 장소가 나쁘기 때문이라고 생각하고는 여전히 게으름을 피웠다. 두 번째 달도 겨우 가겟세만 낼 수 있었고, 세 번째 달도 마찬가지였다.

참다못한 그는 가게를 옮기기로 마음먹고 관리실로 찾아갔다.

"이 지하상가, 장사가 너무 안돼서 가게를 옮겨야겠습니다. 그러니 가게를 빼주십시오."

그러자 관리실 책임자는 벼르고 있었다는 듯이 충고를 했다.

"나는 지금까지 당신같이 장사하는 사람은 이 지하상가를 낸 이래로 처음 보았습니다. 12시에 나와서 문 열고 6시만 되면 문을 닫으니 어떻게 장사가 되겠습니까? 그리고 툭하면 가게를 비워놓으니 장사가 될 리가 있겠습니까? 당신이 어디에 가서 장사를 하든지 그런 식으로 하게 되면 매번 마찬가지일 것입니다."

그러자 그는 못마땅한 듯한 표정을 지으며 따졌다.

"여보쇼, 지하상가 자체가 장사가 안되는 곳이라서 그렇지 왜 내가 잘못해서입니까?"

그는 끝까지 자신의 나태함을 깨닫지 못하고 있었다.

남들 못지않게 많은 시간을 투자해서 일했는데도 얻은 게 없다'라면서 세상을 원망하는 이가 많다. 하지만 많은 시간을 투자했다고 해서 그에 상응하는 대가가 반드시 주어지는 것은 아니다.

모든 일의 대가는 투자한 시간에 비례해서 얻어지는 것이 아니라 얼마나 많은 정열을 쏟아부었느냐에 비례해서 얻어지는 것이기 때문이다.

하루 동안 어영부영해서 일한 사람과 하루 동안 열심히 일한 사람의 대가가 똑같이 주어진다면 그것은 오히려 불공평한 것이고 정의에 어긋나는 것이다.

노력이라 해서 다 같은 노력은 아니다. 노력에도 질이 있고, 그 질은 정열이 얼마만큼 포함되어 있느냐에 의해서 결정된다.

하나의 일을 이루어내는 데는 많은 시간보다 그 일을 이루어내려는 불꽃 튀는 정열이 포함된 노력을 요구한다. 그리고 그러한 노력을 들일 때 비로소 노력에 대한 대가도 100% 돌려받을 수 있게 된다.

◆ ◆ ◆

노력이 적으면 얻는 것이 적다. 인간의 재산은 그의 노고에 달렸다.

_R. 헤리크

마음의 병 :

긍정적인 사고는
마음의 중독을
가져오지 않는다

우리의 육체에 치명타를 입히는 것은 질병이 아니라 마음의 병이
다. 질병은 육체의 특정 부분에 한해서 불편과 고통을 안겨 주지만,
마음에 병이 들면 온 육체가 고통에 휩싸이고 정신력조차도 혼미해
진다.

개고기를 먹으면 죽는다는 어머니의 말을 철저하게 믿고 보신탕
집 근처에는 가지도 않는 사람이 있었다. 그래서 그는 직장 동료
들이 보신탕을 먹으러 가도 혼자만 슬그머니 빠져나와 다른 음식
을 먹는 외톨박이가 되었다.
보다 못한 직장 동료들이 그에게 보신탕을 먹이기 위해서 작전 개

시에 들어갔다. 점심시간이 임박했을 때 옆에 있던 동료가 그에게
입맛 돋우는 얘기를 했다.

"박형, 오늘 점심은 양고기로 하지. 양고기 요리를 기가 막히게 잘
하는 음식점이 있는데, 박형은 양고기를 한 번만 먹어보면 또 사
달라고 조를 거야."

그는 직장 동료들과 함께 식당으로 갔다. 그 식당에서는 간판도
일반 식당처럼 걸어 놓았고, 보신탕이란 말 대신에 양고기 요리로
통하고 있었다. 이윽고 양고기로 위장한 보신탕이 나왔는데 그는
이 요리의 정체를 의심하지도 않고 양고기인 줄로만 알고 정신없
이 먹어 치웠다.

한 그릇을 순식간에 먹어 치운 그는 만족한 표정을 지으며 수다스
럽게 말했다.

"양고기가 정말 맛있는데, 우리 앞으로 자주 오자구."

그는 그 후에도 가끔씩 보신탕을 먹었지만 죽기는커녕 살만 더 찌
고 건강해졌다.

직장 동료들은 그가 보신탕을 먹었다는 사실을 비밀에 부쳤다. 그
러나 여러 사람이 함께 근무하는 직장에서 그 사실이 영원히 비밀
로 남을 리는 없었다.

어느 날 함께 술을 마시던 직장 동료가 얼큰하게 취하자 그만 실
수하여 그가 지금까지 맛있게 먹었던 양고기가 개고기였다고 말
해 버렸다.

양고기로 알고 맛있게 먹었던 것이 개고기였다는 사실을 알게 된

그는 병이 생겨서 죽으면 어떻게 하나 하고 근심에 잠겼다. 입맛이 뚝 떨어져 밥도 제대로 먹지 못했고, 회사에 나와서도 일을 하기보다는 근심에 가득 짓눌려 있었다. 그러더니 정말로 병석에 눕고 말았다.

마음의 병에 가장 좋은 약은 두둑한 배짱이다. 마음의 병에 걸려드는 것은 마음이 극도로 허약하거나 죽음에 대한 지나친 두려움을 가지기 때문인데, 그러한 마음은 오히려 두둑한 배짱을 가짐으로써 벗어날 수 있다.

이를테면, '이 목숨 죽으면 한 번 죽지 두 번 죽으랴'라는 배짱을 가지고 죽음에 대하여 피하기보다는 당당하게 부딪히고, 무엇 무엇을 하거나 먹으면 죽는다는 고정관념에 사로잡혀 있으면 오기로라도 그러한 행동만 골라서 하는 가운데 마음의 병을 물리칠 수 있는 것이다.

죽음을 지나치게 의식하지 말아야 한다. 죽음을 지나치게 의식하면 할수록 행동 범위는 위축된다. 그리하여 먹고 싶은 것이 있어도 먹지 못하고, 하고 싶은 것이 있어도 하지 못하며, 가고 싶은 곳이 있어도 가지 못하게 된다.

인간의 목숨은 생각만큼 나약하지 않다. 추락한 비행기에서도 살아나오는 것이 인간의 질긴 목숨이다.

미신을 지키지 않았다고 해서 죽고, 음식을 잘못 먹었다고 해서 죽는 그런 나약한 목숨이라면 이 세상에 살아남을 자는 한 명도 없을 것이다.

목숨을 아낀다는 어설픈 행동이 오히려 목숨을 단축시킬 수 있음을 알아야 한다.

애지중지하는 항아리가 더 빨리 깨지고, 과잉보호해서 키운 자식이 더 쉽게 삐뚤어지는 법이다. 따라서 진정으로 목숨이 아깝거든 목숨에 대해 초연해져야 하고, 목숨이 끊길까 노심초사하는 걱정으로부터 벗어나야 한다.

◆　◆　◆

정신이 병들면 몸도 병들고, 몸이 병든 자와 마찬가지로 마음에 병든 자는 건강할 수 없다.

_키케로

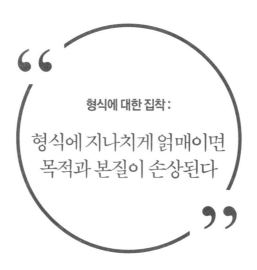

형식에 대한 집착 :

형식에 지나치게 얽매이면 목적과 본질이 손상된다

형식에 지나치게 얽매이면 목적 - 본질을 잃는다. 목적을 위해서 형식을 희생시켜도 형식을 위해서 목적을 희생시키는 일이 없어야 한다. 아무리 손님 - 형식이 귀해도 주인 - 목적의 자리까지 내어 줄 수는 없는 것이다.

어느 회사에 점심 때쯤 귀한 손님이 한 분 찾아왔다. 그 회사로서 는 귀한 손님이었기 때문에, 사장은 자신의 차로 모시고 가서 점 심을 대접하기로 하고 직원 두 명과 함께 사무실을 나섰다.

사장이 먼저 자신이 운전하겠다며 운전석에 앉았고 한 직원이 앞 좌석에 앉았다. 뒷좌석에는 손님과 나머지 직원이 타게 되었는데,

그 직원이 전화를 받느라 좀 늦게 나왔다. 그러자 손님은 자신이 먼저 뒷자석의 안쪽으로 들어가 앉았다.

전화를 받고 뒤에 나온 직원은 자신의 자리로 상석으로 일컫는 뒷좌석의 오른쪽 좌석이 비어 있는 것을 확인하고는 손님에게 자리를 바꾸자고 정중히 청했다.

그러나 손님은 거절하며 말했다.

"우리는 지금 식사하러 가기 위해서 차를 탄 것이지, 드라이브하려고 차를 탄 것은 아닙니다. 아무 좌석에나 앉아서 식당까지 가면 되지 굳이 상석을 따질 필요가 있겠습니까?"

형식은 목적을 향해서 가는 과정일 뿐 목적이 될 수 없다. 따라서 지나치게 형식에 집착하는 것은 애초의 의도와는 달리 주객이 전도된 것으로서 소(小)를 위하여 대(大)를 희생시키는 결과를 낳는다.

형식에 지나치게 치중하는 이유 중의 하나가 체면이다. 촌지 때문에 교사와 학부모의 만남이 이루어지지 못하고, 하례금이 부담스러워 축하의 자리에 끼지 못하는 것은 체면 – 형식이 목적을 희생시킨 좋은 예다.

보잘것없는 목적일수록 형식에 집착하는 경향이 많이 있다. 진정으로 가치있는 목적은 형식이 간략해지거나 아예 무시되어 버린다. 그러므로 형식에 지나치게 얽매이는 것치고 목적이 제대로 이루어지는 것이 없고, 요란스러운 형식치고 결과가 좋게 주어지는 것도 없다.

무슨 일이든 목적에 앞서 형식을 깊이 있게 생각하지 말아야 한다. 목적에 앞서 형식을 생각하게 되면 목적은 흐지부지해지거나 희생되기 쉽다.

형식에 의해 희생된 목적의 가치는 어떠한 보상도 얻어낼 수 없다. 그렇지만, 목적에 의해 희생된 형식의 가치는 목적 달성이 그것을 보상해 주고도 남는다. 다시 말해서, 형식이 요란하더라도 목적이 흐지부지해지면 그 일은 실패로 돌아가게 되지만, 형식이 생략되어도 목적이 성공적이면 그 일은 훌륭한 성과로 남게 되는 것이다.

◆ ◆ ◆

한 가지 일을 반드시 이루고자 하면, 형식을 깨뜨리는 것을 마음 아파하지 말라. 남의 조소도 부끄러워하지 말라. 만사와 바꾸지 않고서는 한 가지 일도 이루어내지 못한다.

_요시다 캔코

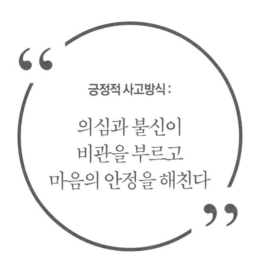

평온은 육체나 사물의 안정에 의해 이루어지는 것이 아니라 오로지 마음의 안정에 의해서 이루어진다. 그러므로 편안히 누워 있어도 마음이 뒤숭숭하면 평온을 찾을 수 없지만, 육체가 고달파도 마음이 평화로우면 평온을 찾을 수 있는 것이다.

한 직장인이 할부로 자동차를 샀다. 그는 자동차를 사는 순간부터 도난이 염려되어 자동차 곁을 좀체 떠날 수가 없었다. 자동차 종합보험에 가입해 놓고서도 마음이 놓이지 않아 하루에도 수십 번씩 차를 확인해야 했다.

생각 끝에 그는 자동차 도난 경보기를 달았다. 경보기를 달아 놓

으면 도난을 방지할 수 있고 마음도 편안할 것이라는 생각 때문이
었다. 그러나 불안감은 여전히 가시지 않았다. 경보 소리를 듣기
위해서 항상 귀를 기울어야 했을 뿐만 아니라 경보음 비슷한 소리
만 나도 뛰어나가 보아야 했기 때문에, 경보기를 달지 않았을 때
보다도 더 불안했다.

이러한 긴장감은 낮 동안만이 아니라 밤에도 계속되었기 때문에
신경증에 걸릴 형편이 되었다. 그래서 그는 또다시 성능 좋고 원
격조종이 가능한 경보기로 바꾸어 달아보았다. 하지만 불안감이
사라지지 않는 것은 마찬가지였고, 자동차 옆에 있어야만 안정되
었다. 견디다 못한 그는 아예 경보기를 떼어버렸다. 그런데 이상
하게도 경보기를 떼어버린 순간부터 마음이 편안해졌다.

불안감은 사물 자체에서 비롯된 것이 아니라 그 사물에 대하여 자
신의 마음이 흔들리는 현상이다. 다시 말해서 사물 자체가 불안감을
제공해 주는 것이 아니라 그 사물을 바라보는 자신이 불안감을 만들
어내는 것이다.

그렇기 때문에 불안감을 면하기 위해서는 자신 이외의 것을 탓하
기 전에 자신의 신경증적인 마음을 치료해야만 한다.

불안감을 면하기 위해서는 그것을 면하기 위한 더 이상의 행위를
하지 않아야 한다. 불안감을 면하기 위해서 하는 행동 자체가 불안
의 요소를 제공하는 것이나 다름없기 때문이다. 그러한 행위를 하면
할수록 또 다른 불안감에 휩싸이게 되면서 고통을 주는 것이다.

인생의 종합보험은 긍정적 사고방식, 즉 모든 것을 믿고 모든 것을 긍정적으로 생각하는 사고방식이다.

의심의 눈으로 바라보는 대신에 믿음의 눈으로 보고, 비관적으로 보는 대신에 낙관적으로 보게 되면 굳이 노력하지 않아도 마음의 안정은 스스로 이루어진다. 그러나 잔뜩 의심하고 불신하게 되면 모든 것을 비관적으로 보거나 의심의 눈으로 보게 되어 도리어 마음의 안정을 해치고 만다.

◆　◆　◆

대체로 불안이란 자신을 믿지 못하고 중심이 흔들리기 때문에 생기는 것이다.

_굴드

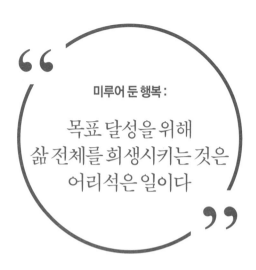

미루어 둔 행복 :

목표 달성을 위해
삶 전체를 희생시키는 것은
어리석은 일이다

현재를 희생시켜서 얻은 대가는 그동안 그것을 이루기 위해서 희생한 것들의 집합에 비교한다면 너무나 보잘것없고, 성공과 목표 성취도 그 희생의 대가를 보상시켜 주기에는 미흡하다.

신혼부부가 단칸방에서부터 신혼살림을 시작해야 했다. 그들은 첫날밤에 굳게 다짐했다. "우리집을 마련할 때까지는 먹고 싶은 것, 보고 싶은 것, 입고 싶은 것, 가고 싶은 곳이 있어도 꾹 참고 살자."라고.
이와 같은 계획은 신혼여행을 갔다 돌아온 다음 날부터 실행에 옮겨졌다. 먹고 싶은 것이 있어도, 보고 싶은 것이 있어도, 또 갖고 싶은 것이 있어도 꾹 참았다. 그들은 1년 내내 영화 구경 한번 하지 못했고, 여행 한번 다정하게 떠나지 못했으며, 쇼핑이나 외식 한번 제대로 하지 않았다. 자린고비 같은 생활 덕분에 통장에는 돈이 불어났지만, 그러면 그럴수록 허리띠를 더욱 졸라맸다.

1년 후 아이가 태어났지만, 아이를 키우면서도 이런 생활은 바뀌지 않았다.

그렇게 절약으로 생활해 온 덕에 그들의 내 집 마련 꿈은 쉰 살이 가까워지면서 이루어졌다. 꿈이 이루어지자 그들은 신혼 때의 약속대로 인생을 즐기면서 살아가기로 했다. 그래서 그동안 가지 못했던 영화 구경도 가보고, 먹고 싶었던 음식도 사 먹어보고, 여행도 가고 했다. 그러나 마음은 신혼이지만, 그동안의 고생 탓에 몸은 이미 환갑이 되어 있었다. 그렇기에 이러한 것들에서 즐거움을 느끼기보다는 오히려 피곤하기만 했다. 영화를 보러 가도 졸음만 오고, 음식을 먹어도 소화가 제대로 안 되고, 경치가 빼어난 곳을 돌아다녀도 쉬 피로하여 잠만 자다가 돌아오곤 했다.

돈이 없어서 누리고 싶었던 것을 누릴 수 없었던 그들의 신세가 이제는 돈이 있어도 누리지 못하는 안타까운 처지가 되어 버린 것이다.

삶은 한 번 지나가면 영원히 다시 볼 수 없는 순간에 불과하다. 카메라의 셔터를 누르는 순간만 사진에 담을 수 있듯 우리의 삶도 이 순간만 누릴 수 있을 뿐이다. 또 한 번 지나간 순간은 아무리 좋은 카메라를 동원해도 사진에 담을 수 없듯 우리의 삶도 현재를 희생시켜 버리면 어떠한 방법에 의해서도 돌이킬 수 없다.

행복을 먼 훗날에 가서 누리겠다는 것은 행복을 멀리 쫓아버리는 것이다. 행복은 모아지거나 지금 누리지 않고 미루어 둔다고 해서 착착 쌓이는 것도 아니기 때문이다.

제철에 나는 과일이 가장 맛이 있듯, 삶의 즐거움과 맛도 미루지 말고 현실의 삶에서 누릴 때 참다운 것이 된다. 목표 달성에만 정신이 팔려 삶 전체를 희생시키는 것은 어리석은 일이며, 그러한 사고방식을 가졌던 자가 설령 그 목표를 달성하더라도 희생시켰던 본래의 삶의 맛과 행복을 느낄 수는 없다. 또 이러한 사고방식을 가지고 있는 자는, 하나의 목표가 달성되고 나면 또 다른 목표를 쫓아가는 어리석음으로 자신의 삶을 무한정 낭비해버리는 행위를 거듭하게 된다.

◆　◆　◆

우리는 끊임없이 미래를 위하여 현재를 희생하는 사고방식에 익숙해져 왔다. 이러한 태도는 단순히 지금의 즐거움을 피하는 것일 뿐만 아니라, 영구히 행복을 회피하는 것과 마찬가지의 뜻이 된다.

_웨인 W. 다이어

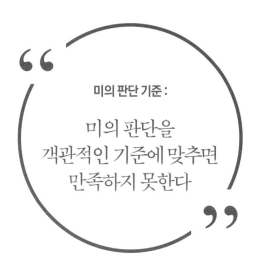

미의 판단 기준 :

미의 판단을
객관적인 기준에 맞추면
만족하지 못한다

미(美)의 판단 기준은 기온의 변화에 따라 변화하는 온도계처럼 외면상의 모습과는 별도로 마음먹기에 따라 변화하는 상대적인 것이다. 사람마다 미의 판단 기준이 다른 것도 이 때문이고, 절대적인 미의 판단 기준이 없는 것도 이 때문이다.

어느 기업에서 '이 거울을 보면 예쁜 얼굴로 보입니다.' '이 거울을 보면 미운 얼굴로 보입니다.'라고 써 붙인 거울 두 개를 정문에 걸어 놓고는 출근하는 사원들에게 보고 들어가게 했다. 출근하던 사원들은 모두가 예쁜 얼굴로 보인다는 거울 앞으로 가서 자신의 모습을 비춰보고는 환한 표정을 지으며 사무실로 들어갔다. 당연히 사무실의 분위기도 밝았다.

그러던 어느 날, 술주정뱅이의 행패로 인하여 예쁜 얼굴로 보인다는 거울이 깨지고 말았다. 그리하여 사원들은 어쩔 수 없이 미운 얼굴로 보인다는 거울을 보고 들어가야 했다. 이상하게도 그 거울을 보고 들어온 사원들의 표정은 시큰둥했고, 사무실의 분위기도 덩달아 침울해졌다.

다음 날 수위는 미운 얼굴로 보인다는 거울을 예쁜 얼굴로 보인다는 자리로 옮겨 놓고, 미운 얼굴로 보인다는 거울 자리에는 새로운 거울을 걸어 놓았다. 그 사실을 전혀 모르고 있는 사원들은 예쁜 얼굴로 보인다는 거울을 보고는 만족한 표정을 지으며 사무실로 들어갔고, 사무실의 분위기도 다시 밝아졌다.

인간 세계에서 절대적인 미의 판단 기준이 없다는 것은 매우 다행한 일이다.

짚신도 짝이 생기고, 못생긴 얼굴도 잘생긴 얼굴도 함께 공존하며 살아갈 수 있는 것은 절대적인 미의 기준이 없기 때문이다. 만약에 미를 판단하는 기준이 획일적이고 절대적인 것이라면 미인과 추인이 확연하게 드러남으로써 많은 갈등이 빚어질 것이다. 백인과 흑인이 너무 확연하게 구분됨으로써 갈등을 빚어내고 있는 것처럼 말이다.

미의 판단 기준은 자신을 위해서 두는 것이 바람직하다. 그래야만 자신의 외모에 대하여 자신을 가질 수 있고, 자괴감에 사로잡히지 않는다. 물론, 너무 지나친 자신감은 역효과를 불러올 수도 있겠지만.

자신의 외모에 대하여 불만을 가지고 자학하게 되는 것은 미의 판단 기준을 자신 이외의 것에 두기 때문이며, 자신의 외모를 그 기준에 맞추려고 하는 데서 일어나는 비극이다.

이성 간에 있어서 미의 판단 기준도 자신에게 두는 것이 바람직하다. 미의 판단 기준이 객관적으로 서게 되면 어느 한 사람에게 만족하지 못하고 더 좋은 미모를 쫓아 등을 돌리는 결과를 낳고, 미모를 가진 사람은 짝을 찾는 반면 그렇지 못한 사람은 짝을 찾지 못하는 엄청난 결과를 몰고 온다.

결혼 후 외도를 하는 것도 미의 판단 기준을 자신에게 두지 않아, 한 이성에 대해 만족하지 못하고 다른 이성을 쫓는 데서 비롯된다.

◆　◆　◆

아름다움은 보는 이의 눈과 마음속에 있다.

_데이비드 흄

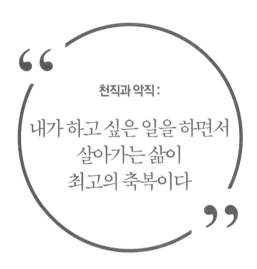

“

천직과 악직 :

내가 하고 싶은 일을 하면서
살아가는 삶이
최고의 축복이다

”

천직(天職)은 따로 있는 것이 아니라 자신이 원하는 장소에서 자신
이 하고 싶은 일을 하는 것이다. 그렇기 때문에 자신이 하기 싫으면
대통령 자리도 악직(惡職)이지만, 자신이 하고 싶어서 하면 그 일이
바로 천직이 된다.

미국 이민(移民)만을 소원으로 삼고 살던 사람이, 어렵게 해서 미
국 이민을 하게 되었다. 그가 이민 가서 갖게 된 직업은 세탁소 운
영이었는데, 어찌나 일감이 많던지 충분한 수면은 고사하고 편히
앉아서 식사할 시간조차 없을 정도로 눈코 뜰 새 없이 일만 해야
했다.

우리나라에서 살면서 일을 할 때는 조금만 힘들어도 투정을 부리던 그가, 그렇게 힘들게 일하면서도 한마디 불평을 늘어놓지 않은 사람이 되었다.

자신이 하고 싶은 일을 할 때는 밥을 굶어가면서 해도 불평불만이 없으나, 자신이 하기 싫은 일을 할 때는 배불리 밥을 먹고 하면서도 불평불만으로 가득 차 있다. 또 똑같은 직업이라도 우리나라에서는 천시하는 반면 외국에 나가서는 스스럼없이 한다. 이처럼 일이라는 것도 일 자체에 의하여 귀천이 가려지는 것이 아니라 자신이 그 일에 대하여 어떤 마음을 가지느냐에 따라서 천직이 되기도 하고 악직이 되기도 한다.

모든 사람에게는 천직이 따로 마련되어 있다. 좋은 직업은 바로 천직을 택하는 것이며, 남의 이목을 의식하거나 남에게 좋은 직업을 가졌다는 것을 드러내 보이고 싶은 욕망에서 천직 대신 다른 직업을 택하는 것은 직업의 종류를 불문하고 악직이 될 뿐이다. 대통령직이라고 해서 모든 사람에게 천직이 될 것이라고 생각하는 것은 착각이다. 대통령이 되기 위해 기를 쓰면서 탐하는 사람이 있는가 하면, 그 자리를 내주어도 사양하는 사람이 있다는 것이 모든 사람에게는 천직이 따로 마련되어 있다는 증거이다.

직업을 택함에 있어 남의 이목을 두려워한다는 것은 슬픈 일이다. 자신의 인생을 결정함에 있어서 자신의 인생과는 무관한 사람들에 의하여 구속당하는 것은 자신의 인생을 그 사람들에게 빼앗기는 것과 다름없는 행동이다.

타인들은 그저 내 인생을 지켜만 보고 있을 뿐 내 인생을 대신 살아 주지는 않는다.

그들은 내가 잘되면 시기와 질투를 일삼고 내가 잘못되면 박수를 보내는 존재들이라는 것, 그들은 나보다 더 좋고 유리한 직업을 가지기 위해서 보이지 않는 압력을 나에게 가하는 존재들이라는 것을 기억하고서 직업을 선택해야 한다.

천직을 찾아라. 자신이 하고 싶은 일을 하면서 살아가는 것은 직업의 종류에 관계없이 축복받은 일이며, 천직을 찾는 일은 자신이 걸어가야 할 좋은 길을 찾는 것과 다름없다. 따라서 그 길만 찾아놓으면 고속도로에 진입한 것이나 다름없어서 다른 것 신경 쓰지 않고 달릴 일만 남게 된다.

◆　◆　◆

쉬운 일도 없지만, 마지못해서 하면 어렵게만 된다.

_ 테렌티우스

세상에서
원망해야 할 대상은
자신 외에는 아무도 없다

행복과 불행, 사랑과 미움, 그리고 선과 악, 이익과 손해는 서로 다른 문에서 나오는 것이 아니라 같은 문을 드나들면서 자리바꿈을 한다. 그 자리바꿈을 유도하는 것은 언제나 자기 자신이다. 그러므로 자신이 어떠한 마음가짐을 갖느냐에 따라서 행복해지기도 하고 불행해지기도 한다.

신혼부부가 계속되는 부부싸움 끝에 이혼을 결심하고 법원으로 갔다. 서로가 얼굴을 찌푸린 채 판사 앞에 섰다.
판사는 남편에게 먼저 물었다.
"당신들은 결혼한 지 얼마나 됐습니까?"

"10개월 됐습니다."

"신혼부부이신데 왜 이혼하려고 합니까?"

"아내는 저를 사랑하지 않습니다."

이번에는 아내에게 물었다.

"아내는 왜 이혼하려고 합니까?"

"남편은 저를 사랑하지 않습니다."

판사는 남편과 아내에게 동시에 물었다.

"당신들은 상대방이 사랑해 주기를 기다리기 전에 먼저 상대방을 사랑해 본 적이 있습니까?"

판사로부터 이 질문을 받은 신혼부부는 한참을 머뭇거리다가 동시에 대답했다.

"없습니다."

이 말을 들은 판사가 다시 말했다.

"이혼을 시켜드리겠습니다. 그러나 지금 당장 헤어지게 하면 서로 서운할 터이니 한 달 동안 여유를 드리겠습니다. 단, 이 기간은 절대로 상대방으로부터 사랑을 받아서는 안 됩니다. 당신들은 1개월 후면 남남이 되니까 서로가 상대방에게 최선을 다하여 그동안 하지 못했던 사랑을 쏟아부으기를 바랍니다. 그럼 한 달 후에 다시 봅시다."

집으로 돌아온 이들 부부는 1개월 후면 정말로 남남이 된다는 판사의 말을 믿고 서로 상대를 사랑해 주기로 약속하고 생활하기 시작했다.

사랑을 받으려는 생각 대신에 상대방을 사랑해 주면서 생활한 이들 부부는 날이 갈수록 다정해지기 시작했다. 날마다 하던 부부싸움도 1개월 동안 한 번도 하지 않았다.

그렇게 1개월을 지낸 후 이들 부부는 다정하게 팔짱을 끼고 법원으로 나갔다.

"자, 두 분 이혼하는 데 이의가 없으시지요?"

남편이 대답했다.

"판사님, 우리는 상대방으로부터 사랑해 주기만을 기다렸던 그 사고방식과 작별하기로 합의했습니다."

모든 것의 원인은 나 자신으로부터 출발한다.

방 안에 가만히 앉아 있으면 먼지 하나도 제 스스로 일지 않는다. 자신이 먼저 움직이기 때문에 먼지도 일기 시작하고 모든 사물도 움직이기 시작하는 것이다.

내가 지금 사랑을 받지 못하는 것은 내가 먼저 사랑을 하지 않았기 때문이고, 내가 지금 악의 고통을 받고 있는 것은 내가 먼저 선을 베풀지 않았기 때문이다.

또한 내가 지금 손해를 보고 있는 것은 내가 먼저 상대방에게 손해를 끼쳤거나 손해 보게 하는 일을 했기 때문이다.

세상에 원망할 사람은 자신 이외에는 아무도 없다. 자신이 모든 잘못을 저질러 놓고서 그 원인을 타인에게 돌리기 때문에 미움도 생기고 악도 생기며 불행해지기도 하는 것이다.

지금 내가 받고 있는, 혹은 겪고 있는 이 모든 것들은 내가 그동안 베풀어 놓은 것에 대한 대가일 수밖에 없다. 그것이 사랑이든 미움이든, 또는 선이든 악이든, 행복이든 불행이든 간에 달게 받아들여 스스로 거두어야 한다. 그럴 때만이 모든 인간관계는 모름지기 제 궤도를 찾게 된다.

◆ ◆ ◆

나 이외에는 아무도 나의 불행을 치료해 줄 사람은 없다. 불행은 내 마음이 만드는 것이며 내 마음만이 그것을 치료할 수 있는 것이다. 내 마음을 평화롭게 가져라. 그러면 그대의 표정도 평화로워질 것이다.

_파스칼

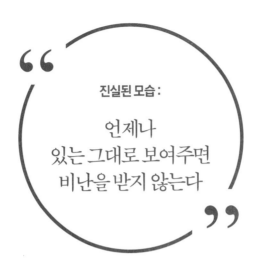

진실된 모습 :

언제나
있는 그대로 보여주면
비난을 받지 않는다

정직하게 보여주기 때문에 비난을 받지 않는 거울처럼, 우리도 있는 그대로를 수정시키지 않고 보여주게 되면 누구로부터도 비난을 받지 않는다. 우리가 비난의 대상이 되는 것은 시도 때도 없이 우리의 모습을 변화시키기 때문이다.

천하의 미인인 양귀비가 거울 하나를 선물 받았다. 그 거울은 인간이 원하는 대로 모습을 수정시켜서 보여주고 또 미인인지 아닌지를 판단도 해 주는 요술거울이었다.
양귀비는 매일 그 거울을 들여다보며 자신의 얼굴과 몸매를 가꾸었다. 천하의 미인인 양귀비도 거울 앞에 앉으면 요구사항이 많았다. "눈을 약간 작게 해봐." "목을 좀 길게 해봐." "이마를 좀 더 넓게 해봐." "턱을 더 둥글게 해봐." 하면서 수정시켜 달라고 요구했고, 자신의 요구대로 수정시켜 보여주는 요술거울을 양귀비는 아끼며 만족해했다.

어느 날 양귀비는 거울을 향해 물어보았다.

"거울아, 이 세상에서 누가 제일 예쁘니?"

"양귀비님의 얼굴이 세상에서 가장 예쁩니다. 수정만 시키지 않으면요."

이 말을 들은 양귀비는 다짜고짜로 화를 버럭 내며 거울을 꾸짖기 시작했다.

"거울아, 너도 거짓말을 할 줄 아는구나? 어떻게 수정하지 않은 얼굴이 더 예쁘니? 나는 수정했을 때가 훨씬 예쁜데."

솔직하게 말했다가 양귀비로부터 심한 꾸중을 들어 심사가 뒤틀린 거울은 앞으로는 양귀비가 요구하는 대로 수정시켜 주지 않기로 마음먹었다.

다음 날, 양귀비는 거울 앞에 앉아서 언제나처럼 이 요구 저 요구를 하기 시작했다. 그러나 거울은 어제 당한 수모를 생각해서 요구하는 대로 수정시켜 주지 않았다. 그러자 양귀비는 거울을 당장 깨버렸다.

　원하는 대로 수정시켜서 보여 주는 거울이 있다면 어느 거울도 인간들의 비위를 맞추지는 못할 것이다. 조석주야로 변하는 것이 인간의 마음이니까.

우리는 거울에 대하여 이러쿵저러쿵 헐뜯거나 원망하지 않는다. 그것은 언제나 있는 그대로를 보여주는 정직함 때문이다. 만약에 거울이 때와 장소에 따라 모습을 달리하여 보여준다면 비난 소리와 함께 깨어지는 수모를 면치 못할 것이다.

우리는 더도 말고 덜도 말고 거울과 같은 존재가 되어 있는 그대로를 보여주어야 하고, 그 모습이 마음에 들지 않으면 자신만을 변화시켜야 한다. 그렇지 않으면 과시욕이나 우월감에 빠져 자신이 먼저 잘못을 저질러 놓고서도 그 탓을 상대에게로 돌리게 되고, 자신의 모습을 바꾸기 전에 상대의 모습을 바꾸라고 요구하는 모순을 범하게 된다.

◆ ◆ ◆

만일 그대의 얼굴이 뒤틀려 있다면 거울을 탓해 보았자 소용이 없다.

_W. E. 글래드스토운

위험한 뉘우침:

균형을 잃은 용서는 어설픈 뉘우침을 가져온다

뉘우치지 않는 자보다도 어설프게 뉘우친 자가 더 위험하다. 아예 뉘우치지 않은 자는 미리 알고 경계를 할 수 있어서 위험을 피할 수 있지만, 어설프게 뉘우친 자는 철저하게 경계를 할 때는 피해 주었다가 언제라도 경계가 소홀해지면 또다시 잘못을 저질러 위험에 빠뜨린다.

전과범으로 몇 년 동안 교도소 생활을 남자와 좀도둑질로 잠깐씩 여러 번 구치소를 드나든 여자가 결혼하였다. 이들은 결혼을 준비하면서부터 '앞으로는 바르게 살아가자'라고 서로에게 굳게 언약하곤 했다.

이들은 결혼 후 남편의 고향에서 농사를 지으면서 살았다. 남편은 새사람이 되어 매우 성실하게 생활했다. 수년 동안의 차가운 교도소 생활이 그에게 많은 뉘우침을 주었기 때문이었다. 이에 반해 아내는 결혼 전의 손버릇이 여전히 남아있어 남의 눈만 피할 수 있으면 물건을 훔치곤 했다. 그것도 큰 것을 훔치는 것이 아니라 사소한 것만 골라서 훔쳤다. 차라리 큰 도둑질이라도 하면 단번에 행실을 고칠 수 있도록 큰 벌을 주게 할 수도 있을 텐데 그렇지도 않았다.

좀도둑질하는 아내를 남편은 심하게 꾸짖어도 보고 타일러 보기도 했지만 아무 소용이 없었다. 경찰서에도 몇 번 갔다 왔지만 여전하였다.

좀도둑 아내와 함께 사는 남편은 창피해서 동네 사람들에게 얼굴을 내밀지 못했고, 견디다 못한 남편은 남의 이목을 피해서 도시로 이사하였다.

도시에 나와 살면 보는 눈들이 많아서 아내가 좀도둑질을 하지 않을 수도 있지 않을까 하는 남편의 희망은 이사 온 지 한 달도 못 되어 산산조각이 나 버렸다. 아내는 세 들어 사는 안집의 돈을 훔치다가 들켜서 교도소로 들어가게 되었던 것이다.

3개월 동안의 교도소 생활을 마치고 나온 아내는 처음에는 좀 자숙하는 듯하더니 또다시 좀도둑질이 시작되었다. 보다 못한 남편은 아내를 경찰서에 데리고 가서 사정했다.

"이 여자, 교도소 생활을 어설프게 해서 뉘우치지 못하고 있으니

제발 3년만 교도소 생활을 하게 해 주세요. 밥 먹듯이 하는 좀도둑
질을 어떻게 막을 방법이 없습니다."
그러나 무턱대고 경찰이 남편의 그러한 안타까운 바람을 들어줄
리 만무하다.

잘못을 저질렀을 때 어설프게 뉘우치도록 하는 것은 오히려 그것
에 대한 면역을 길러 주는 것밖에는 되지 않는다. 피눈물 나는 뉘우
침만이 바른 행실로 돌려놓을 수 있고, 뉘우침의 강도가 진하면 진
할수록 바른 행실로 돌아가는 데는 더욱 좋다.

어설픈 용서가 행실을 더 나쁘게 이끌기도 한다. 잘못된 행실을 해
놓고서 반성도 하지 않는 자를 용서해 주는 것은 그 행위를 정당한
것으로 인정해 주는 것이나 다름없다.

잘못된 행실과 그 행실에 대한 벌 사이는 적어도 균형을 이루게 해
야 하고, 잘못된 행실에 비하여 벌이 약하게 주어져서는 안 된다. 잘
못된 행실에 대하여 벌이 약하게 주어지는 것은 그 행실을 하도록
부추기는 것밖에는 되지 않고, 그러한 벌은 있으나마나한 것이 되어
버린다.

잘못된 행실에 대한 벌의 고통이 잘못된 행실을 저지르는 쾌락보
다 작으면 고통을 감수하고 쾌락에 젖으려고 하는 것은 어쩔 수 없
는 일이다.

환경설비를 가동하여 드는 비용보다 적발되었을 때 내는 벌금이
적게 들기 때문에 고의적으로 환경설비를 가동시키지 않는 것은 범

죄와 범죄에 대한 벌의 대가가 불균형을 이룬 데서 오는 당연한 귀결이다.

잘못된 행실에 대하여 너무 꾸짖기만 하는 것도 결코 바람직하지 못하다. 사람에게는 오기라는 것이 있어서 지나친 꾸짖음은 오히려 오기를 발동시켜 걷잡을 수 없는 행실로 비화시킬 수 있기 때문이다.

행실을 바로잡는 것도 중요한 일이지만 오기가 발동되지 않도록 하는 것은 더욱 중요한 일이다. 잘못된 행실은 바른 행실로 돌아오기 위한 최후의 몸부림이지만, 오기는 잘못된 행실로 나가는 출발점이 되기 때문이다.

◆　◆　◆

하나의 과오를 용서함은 많은 범죄를 북돋운다.

_푸블릴리우스 시루스

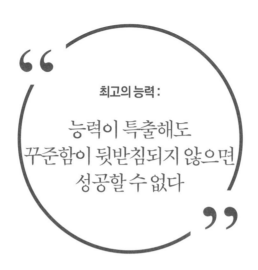

최고의 능력 :

능력이 특출해도
꾸준함이 뒷받침되지 않으면
성공할 수 없다

인간이 가진 모든 능력은 꾸준함 - 끈기가 뒷받침될 때 충실히 발휘될 수 있다.

꾸준함이 뒷받침해 주지 못하는 능력은 한 가지 일도 제대로 이루지 못하고 자취를 감추어 버리지만, 작은 능력이라도 꾸준함만 붙으면 엄청난 일을 이루어낸다.

IQ가 150이나 되는 천재 학생이 있었다. 그는 자신의 머리를 믿었기 때문에 공부를 지독히 하지 않았다. 그런데도 그의 성적은 늘 상위권에 머물렀다.

중학교를 우수한 성적으로 졸업한 그는 고등학교에 입학하자마자 '내 머리는 천재니까 고 1, 2학년 때는 대충 공부하다가 3학년 때나 열심히 해서 대학교에 진학해야지'하고 나름대로 계획을 세웠다. 그리하여 그는 다른 학생들은 열심히 공부하고 있는데도 빈둥빈둥 놀았다.

빈둥거리며 1, 2학년을 보낸 그는 3학년을 맞이하였다. 결심대로 그는 혼신의 노력을 다하여 공부했다. 그러나 그의 생각처럼 되지는 않았다. 처음에는 성적이 어느 정도 올라갔지만, 일정한 수준에 이르자 더 이상 오르지 않고 현상 유지에 머물렀다.

그가 3학년 공부를 마치고 대학 입시를 치른 결과 소위 일류 대학은 자신보다 머리 나쁜 학생들에게 내주고 말았다. 그러자 자존심 강한 그는 재수를 선택했다. 다른 친구들은 대학교에서 캠퍼스의 낭만을 즐기고 있을 때 그는 그 좋은 머리 덕분에 학원을 오가며 책과 씨름을 하는 신세가 되었다.

특출한 능력이 오히려 성공하지 못하고, 작은 능력이 큰 성공을 거두는 예가 많다. 그것은 능력 자체의 차이에서 비롯된 결과라기보다는 그 능력에 끈기가 뒷받침되었느냐 그렇지 않았느냐의 차이에서 비롯된 결과이다.

능력 자체를 믿어서는 안 된다. 능력 그 자체로서는 아무것도 이루어내지 못하며, 꾸준함이 뒷받침될 때 비로소 모든 일을 이루어 낼 수 있는 능력으로 된다.

소나기식 노력은 일을 망치기에 안성맞춤이다. 빨리 달리는 사람

228

보다 천천히 달리는 사람이 오래 뛸 수 있는 것처럼, 노력 – 능력도 꾸준함이 뒷받침된 자가 도중에 포기하지 않고 성공에 접근해 갈 수 있다.

자신에게 능력이 없다고 한탄하는 자가 있다면 꾸준함이라는 능력을 사용해 보라. 꾸준함은 모든 능력을 최고도로 발휘할 수 있도록 후원해 주며, 꾸준함이 뒷받침된 능력은 어떠한 장애물도 극복해 낸다.

폭포수가 뚫지 못하는 바위를 작은 물방울이 뚫는 것은 물방울의 힘이 폭포수보다 세기 때문이 아니라 꾸준히 떨어지기 때문임을 깨달아야 한다.

◆ ◆ ◆

사람들이 하는 일을 보면 항상 거의 완성하게 되었을 때 실패한다. 최후까지 가기를 처음같이 삼가면 실패하는 일이 없을 것이다.

_노자

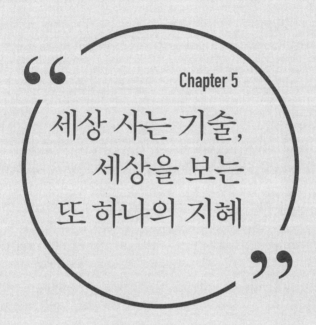

Chapter 5

세상 사는 기술, 세상을 보는 또 하나의 지혜

세상은 지식보다는 지혜로 살아야 한다. 정도(定道)만을 추구하는 지식보다는 정도를 벗어나더라도 슬기로운 삶의 방식을 가르쳐 주는 지혜를 내 삶의 안내자로 삼는 것이 현명하다.

인간의 참다운 지혜는 결코 지식의 양에 의한 것이 아니다.
이 세계는 무한하며, 아무리 노력하더라도 우리는 그 전부를 알 수는 없다.
인간에게 필요한 지식 중에서 가장 중요한 것은 어떻게 살 것이냐 하는 것,
어떻게 하면 악을 보다 덜 행하며 선을 보다 더 행할 수 있느냐 하는 점이다.

톨스토이

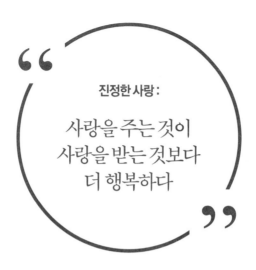

진정한 사랑 :

사랑을 주는 것이
사랑을 받는 것보다
더 행복하다

진정한 사랑은 외적인 것들의 변화에 의하여 영향을 받지 않는다. 진정한 사랑은 외적인 변화의 한계를 뛰어넘어 영혼을 사랑하는 것이기 때문에 사랑하는 사람이 어떠한 상태에 처해 있든 그것은 사랑을 나눔에 아무런 영향을 주지 못한다.

엄마가 잘못을 저지른 아이를 꾸짖고 있었다. 아무리 꾸짖어도 반성의 빛을 보이지 않는 아이에게 엄마는 매를 들었다. 그러자 아이는 엄마에게 "엄마가 미워."하면서 매를 피해 도망쳤다. 도망 나온 아이는 화가 풀리지 않았는지 앞에 보이는 산을 향해 소리쳤다. "나는 엄마가 미워! 미워! 미워!"

그때 놀랍게도 이런 메아리가 들려왔다.

"나는 엄마가 미워! 미워! 미워!"

이 소리를 들은 아이는 어리둥절해서 엄마에게로 달려갔다.

엄마에게 온 아이는 숨을 가쁘게 몰아쉬며 고자질했다.

"엄마, 산에도 엄마를 밉다고 하는 나쁜 아이가 있어요."

"왜, 산에 있는 아이가 엄마를 밉다고 하니까 싫니? 너도 엄마가 밉다고 했잖니?"

"저는 화가 나서 그랬지만, 산속에 있는 나쁜 아이는 엄마가 꾸짖지도 않았는데 엄마가 밉다고 그러잖아요."

엄마는 아이를 데리고 밖으로 나갔다. 그리고 아이에게 산을 향해 다음과 같이 외치라고 했다.

"나는 엄마를 사랑한다! 사랑한다! 사랑한다!"

엄마가 시키는 대로 아이가 외치자, 메아리가 들려왔다.

"나는 엄마를 사랑한다! 사랑한다! 사랑한다!"

우리의 마음속에는 사랑의 밭이 마련되어 있다. 이 밭은 사랑해서 가꾸면 기름진 밭이 되지만, 사랑하지 않고 내버려 두면 잡초가 자라 황무지로 변하고 만다. 우리는 사랑의 밭을 가꿈에 있어 크게 오해하고 있는 것이 있다. 사랑의 밭은 타인의 사랑을 받음으로써만 가꿀 수 있는 것으로 오해하는 것이 그것이다. 그러나 그 밭은 타인의 사랑에 의해서 가꾸어지기도 하지만, 그보다는 스스로가 사랑함으로써 더 기름지게 가꿀 수 있다. 진정한 사랑은 받는 사랑이 아니

라 주는 사랑이고, 사랑의 행복감은 받을 때보다 줄 때 더 많이 느낄
수 있는 것도 이 때문이다.

사랑을 받아서 행복해지려는 수동적인 자세를 취하는 것보다는
사랑해 줌으로써 행복해지려는 능동적인 자세를 취할 때 더 많은 행
복감을 느낄 수 있다.

물이 부족한 논바닥이 거북등처럼 갈라지듯이, 우리의 마음도 사
랑이 부족하면 메말라 버린다. 그리하여 타인에게 정을 베풀 줄 모
르고, 못된 이기심이 싹터 자신만을 생각하는 이기적인 존재가 되고
만다. 논바닥이 갈라지지 않게 하려면 물을 끊임없이 대 주어야 하
듯, 마음이 메마르지 않도록 하려면 사랑의 감정이 끊이지 않도록
해야 한다.

미움은 아끼고 사랑은 아끼지 말아야 한다. 미움은 구르면 구를수
록 닳아빠지는 달구지 바퀴와 같아 미워하면 할수록 인색해지고, 사
랑은 굴리면 굴릴수록 불어만 가는 눈덩이 같아 사랑하면 할수록 넉
넉해진다.

◆　◆　◆

주는 것은 받는 것보다 행복하다. 사랑을 하는 것은 사랑을 받
는 것보다 아름다우며 사람을 행복하게 한다.

_헤세

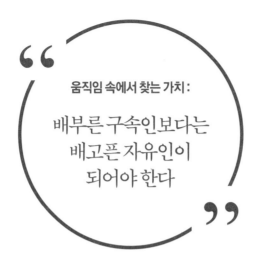

움직임 속에서 찾는 가치 :

배부른 구속인보다는
배고픈 자유인이
되어야 한다

이성을 가진 인간이 취해야 할 태도는 배부른 구속인이 되기보다는 배고픈 자유인이 되어야 하는 것이다. 소가 불쌍한 것은 배가 고파서가 아니라 코 – 자유를 인간에게 내주고 이리저리 끌려다니면서 부림을 당하기 때문이라는 것을 음미해 보아야 한다.

공사판에서 날품을 팔면서 살아가고 있는 독신 남성이 있었는데, 그에게는 조그마한 수족관이 하나 있었다. 공사판에서 무거운 자재들을 지어 나르면서 온종일 힘들게 일하고 집에 들어오면 반겨 주는 것이라고는 수족관의 물고기들뿐이었다. 자신만 보면 먹이를 달라고 재롱을 부리는 물고기들이 그에게는 친구요 큰 즐거움거리였다.

항상 보아도 평화롭기만 한 물고기들을 넋이 빠지게 바라보고 있던 그는, 문득 자신도 물고기가 되었으면 좋겠다는 생각이 들었다. 힘들게 돈 벌지 않아도 때가 되면 먹이를 넣어 주고, 물도 갈아 주어 아무런 걱정 없이 살아가는 물고기의 신세가 너무나 부러웠기 때문이다.

그러던 어느 날, 그는 지방의 공사 현장에 가서 10일 동안 일을 하고 와야 했다. 먹이를 충분히 주고 갔었지만 그래도 걱정이 되었기 때문에 방에 들어서자마자 수족관부터 바라보았다. 예전 같으면 자신을 보자마자 물고기들이 몰려들었을 텐데, 이상하게도 물고기들은 한 마리도 보이지 않았다. 웬일인가 하고 수족관 내부를 자세히 살펴보니 물고기들이 모두 죽어서 바닥에 깔려 있었다.

그 모습이 너무나 비참했다. 그 장면을 물끄러미 바라보고 있던 그는 물고기가 되었으면 하고 바랐던 지난날의 자신이 부끄러워졌다. 힘은 들어도 내 스스로 일을 해서 떳떳하게 먹고살 수 있는 자신이, 누가 밥을 주지 않으면 굶어 죽는 물고기의 신세보다 훨씬 행복하다는 것을 절실히 깨달았다.

우리에게 있어 정지는 폐인이요 죽음이다. 고인 물이 썩고, 쓰지 않는 기계가 녹슬 듯, 우리 몸은 움직임이 없으면 폐인이 되고, 움직임이 없을 때 생존과는 무관하게 쓸모없게 되어 버린다. 그리고 움직임이 없으면 몸뿐만 아니라 정신도 죽는다. 정신은 안락함에 의하여 병들고, 태만에 의하여 정지하기 때문이다.

우리의 가치와 행복은 정지 속에서가 아니라 움직임 속에 있다. 우리에게 있어 움직임은 행복과 가치를 발견케 하는 가장 확실한 조건으로써 움직임을 통해 자신이 원하는 것을 성취해낼 수 있고, 그 성취에 의하여 보람과 행복을 발견해낼 수 있다.

삶의 가치는 호위호식하며 사는 삶에만 있는 것은 아니다. 힘들면 힘든 대로 즐거우면 즐거운 대로 가치가 담겨 있는 것이 우리네 삶이다. 우리는 목숨이 붙어있는 한 움직임 – 육체적인 움직임뿐만 아니라 정신적인 움직임을 멈추지 말아야 한다. 거미줄을 쳐 놓고 그 거미줄에 걸려드는 먹이만 먹는 거미 같은 안일한 존재가 되지 말고, 고생되는 한이 있어도 자신이 원하는 먹이를 잡아먹는 자유로운 존재가 되어야 한다.

◆　◆　◆

인생은 행동이다. 아무것도 하지 않는 것은 곧 죽음이다.

_ㄴ 모리스

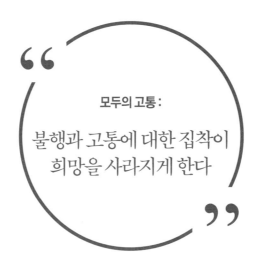

모두의 고통:

불행과 고통에 대한 집착이
희망을 사라지게 한다

굿은 날씨를 맑은 햇살이 걷어내는 것처럼 인내의 시간은 모든 고통을 걷어내고 행복과 기쁨으로 바꾸어 준다. 따라서 누가 더 알찬 삶을 살아갈 것인가는 누가 더 참고 기다리느냐에 달려있다고 해도 과언이 아니다. 참고 기다리는 자를 내버려 두지 않는 시간을 우리는 믿어야 한다.

날씨의 변화는 참으로 다양하다. 맑은 날이 지속되다가 갑자기 소나기도 내리고, 바람이 없다가 갑자기 회오리바람이 몰아치기도 한다. 또한 가뭄이 지속되는가 하면 홍수가 나서 큰 피해를 주기도 하고, 찌는 듯한 더위가 있는가 하면 강추위도 있고, 맑게 갠 하늘이 갑자기 구름으로 뒤덮이기도 하여 어느 것 하나 지속되는 것이 없다.

날씨가 이렇게 변덕을 부림에도 불구하고 우리들은 날씨를 변덕쟁이라고 놀리지 않는다. 그것은 궂은날보다는 좋은 날이 더 많기 때문이다.

그렇지만 이러한 자연의 변화에 대해 우리들은 두려움을 느끼지 않고 살아간다. 그것은 밤이 지나면 낮이 오고, 강추위가 지나면 따뜻한 날이 오고, 비가 그치면 맑은 날이 반드시 온다는 희망이 있기 때문이다.

우리가 만약에 잠시 잠시 찾아오는 궂은 날씨만을 생각한다면 두렵고 불안해서 하루도 견디지 못할 것이다.

그러면 우리네 삶은 어떤가? 한없이 기쁘고 행복에 겹다가 갑자기 슬픈 일이 생기기도 하고, 역경과 비통함을 가져다주기도 하고, 죽을 만큼 고통스러울 때도 있다. 또 평화롭기만 하던 생활에 전혀 예상치 못한 사건이 터져 궁지로 몰아넣기도 하고, 병고에 시달리기도 한다.

이처럼 우리네 삶도 날씨의 변화만큼이나 여러모로 변덕을 부리고 있다.

그럼에도 불구하고 우리가 삶을 지속할 수 있는 것은 살아가는 동안 행복하고 기쁜 날이 불행과 고통의 날보다는 훨씬 많기 때문이다. 또 오늘의 불행과 고통이 지나면 행복하고 편안한 생활이 반드시 온다는 희망이 있기 때문이다. 만약에 잠시 잠시 찾아오는 불행이나 고통에 대하여 집착해 버린다면 우리는 하루도 견디지 못할 것이다.

구름은 어느 하늘에나 끼듯, 또 비는 어느 땅에나 내리듯 고통의 그늘도 누구에게나 있다. 잘살면 잘사는 대로 못살면 못사는 대로 고통이 있고, 잘생기면 잘생긴 대로 못생기면 못생긴 대로 고민이 있으며, 살이 찌면 살이 찐 대로 야위면 야윈 대로 고민이 있는 것이다.

세상에 비를 피할 땅은 없듯 자신이 어떠한 상황에 놓이든 고통을 피할 수는 없다. 그러므로 우리는 고통 없는 삶을 희구하지 말아야 한다. 우리의 삶 자체가 이미 고통도 내포하고 있기 때문에 그러한 마음을 가질수록 고통은 가까이 다가온다.

◆ ◆ ◆

인생의 폭풍이 돌연히 일어날 때 우리들이 명심해야 할 큰일은, 그 폭풍이 아무리 맹렬할지라도 그것은 단지 일시적인 것에 불과하다는 것과 구름 뒤에는 언제나 햇빛이 있다는 것이다.

_롱로오

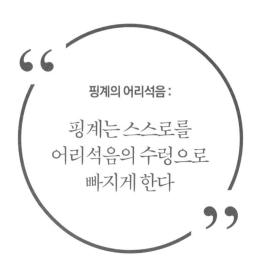

핑계의 어리석음 :

핑계는 스스로를
어리석음의 수렁으로
빠지게 한다

핑계를 댄다고 해서 어리석음 자체가 사라지는 것은 아니다. 핑계
는 자신의 어리석음을 위로하고 있는 것에 불과하다. 그렇기 때문에
핑계를 대면 댈수록 어리석음은 누적되어 끝내는 새로운 의욕마저
송두리째 뽑아낸다.

의류매장을 운영하는 남자와 의상디자이너인 여자가 결혼하였
다. 이들이 결혼하자 주위 사람들은 가장 이상적인 커플이라고 하
면서 부러워하였다.
결혼 후 아내는 옷을 디자인하여 만들고 남편은 아내가 만들어 준
옷을 팔았다. 결혼 전에는 여러 디자이너들의 옷을 갖다 놓고 팔

았지만, 결혼 후부터는 아내가 만든 옷을 전문적으로 팔기 시작했다.

그런데 아내가 만든 옷은 예상과는 달리 고객의 호응도가 별로였다. 한 달 동안 장사를 해 보았지만 겨우 몇 벌만을 파는 데 그쳐 적자를 면할 수 없었다. 그렇다고 당장 다른 옷으로 바꿀 수도 없었다. 최선을 다해 판매에 열을 올려 보았지만, 적자를 면할 수 없었고, 누적되어가는 적자를 감당할 수 없어서 가게 문을 닫아야 할 지경까지 이르게 되었다. 그러자 둘 사이에서는 심한 다툼이 일어났다.

남편이 먼저 아내에게 쏘아붙였다.

"옷이 팔리지 않는 것은 당신이 디자인한 옷이 형편없기 때문이야."

그러자 아내가 어이없다는 듯 대꾸했다.

"핑계 대지 마. 당신이 장사를 못하기 때문이야."

이들은 끝까지 옷이 팔리지 않는 이유를 자신의 탓으로 돌리기보다는 오직 상대방의 잘못으로만 돌렸다. 이상적인 만남이었다고 했던 이들 부부의 한 치의 양보도 없는 싸움은 이혼을 택함으로써 끝을 맺었다.

핑계가 입에 붙는 순간 "내가 잘못했소."라고 인정하는 것과 다름없다. 잘못이 없는 사람은 핑계를 댈 이유도 필요도 느끼지 못하니까. 자신의 어리석음을 핑계를 댐으로써 극복하려고 하는 것은 물에 빠진 자가 지푸라기를 잡으려는 것과 다름없다. 어리석음은 핑계를 댐으로써 더욱더 어리석어지고, 그것에서 빠져나올 수 없을 만큼 스스로를 어리석게 만들어 놓기 때문이다.

펑계는 어떠한 발전도 가져다주지 않는다. 펑계는 의욕을 쫓아내어 전진하려는 자신을 주저앉힌다.

빈둥거리는 말을 달리게 하려면 채찍을 가해야 하는 것처럼, 어리석음에 도취되어 현상 유지에 연연한 자신을 분발하게 하려면 위로 - 펑계 대신에 강한 채찍을 가해야 하고, 누구를 탓하기에 앞서 자신의 탓으로 돌릴 때 새로운 출발을 위한 의욕이 솟아나게 된다.

◆ ◆ ◆

남의 도움을 기대하지 않고, 남의 탓으로 돌리지 않게 되었을 때 두려움이 사라지면서 발 디딜 곳이 보이기 시작했다.

_니키 마론

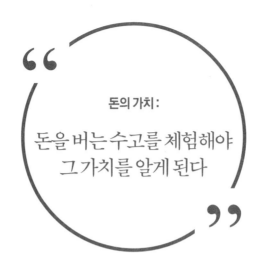

"

돈의 가치:

돈을 버는 수고를 체험해야
그 가치를 알게 된다

"

돈은 종잇조각에 불과하다. 그것에 가치가 부여되기 위해서는 고통 – 노력이 추가되어야 하고, 고통의 추가 정도에 따라 만원짜리로도 되고 오만원짜리로도 된다. 그러므로 불로소득으로 얻은 오만 원의 가치는 정당하게 벌은 만 원의 가치에 뒤지는 것이다.

옛적에 세 명의 부하를 거느린 거지 왕초가 있었다. 거지들은 스스로 일해서 먹고살지 않고 남으로부터 얻어서 먹고살았기 때문에 모든 사람으로부터 천대를 받았다.

어느 날 왕초는 부하들을 모아 놓고 명예 선언을 했다.

"우리 거지도 명예롭게 살아가기 위해서는 스스로 돈을 벌어서

먹고살아야 한다. 그러니 앞으로는 굶는 한이 있어도 절대 남의
것을 얻어 오지 않도록 해라."

세 명의 부하들은 왕초의 결심에 따르기로 하고 돈을 벌기 위해
각자 흩어졌다. 밤이 되어서야 움막으로 돌아온 그들은 벌어 온
돈을 왕초 앞에 내놓으면서 "이 돈은 남한테 구걸한 것이 아니라
정당하게 노력해서 벌어온 것입니다."라고 주장했다.

왕초는 이들의 주장이 사실인지 아닌지를 판단해 보기 위해서 강
가로 갔다. 왕초는 강가에 서서 부하들이 벌어온 돈을 흘러가는
강물에 던지기 시작했다. 첫 번째 거지와 두 번째 거지의 돈을 던
졌지만, 그들은 멍하니 바라보고만 있었다. 왕초는 세 번째 거지
의 돈을 강물에 던졌다. 그러자 세 번째 거지는 추운 겨울임에도
불구하고 강물로 뛰어 들어가서 돈을 건져왔다.

돈을 건져 온 그에게 왕초가 물었다.

"너는 왜 돈을 건져왔느냐?"

"제가 땀 흘려 번 돈이기 때문입니다. 저는 이 돈을 벌기 위해 아
침 일찍부터 밤늦게까지 추운 공사판에서 일했습니다. 그래서 이
돈을 도저히 버릴 수 없습니다."

이 말을 들은 왕초는 그의 말을 인정해 주었다.

"그래, 너는 정말 너 스스로 일을 해서 돈을 벌어왔구나."

그러고는 왕초는 돈을 건져 오지 않은 두 거지에게는 호통을 치기
시작했다.

"너희 둘은 돈을 정당하게 벌지 않았다. 어떻게 해서 돈을 벌어왔

는지 한 치의 거짓도 없이 말하여라."

왕초의 불호령에 첫 번째 거지가 대답했다.

"저는 육교 위에서 바구니를 놓고 구걸했습니다."

이번에는 두 번째 거지가 떨리는 목소리로 대답했다.

"저는 터미널에서 여행객들로부터 차비가 없다고 속여서 구걸했습니다."

돈의 액수와 돈의 가치 – 절대적 가치가 아니라 상대적 가치는 비례하지 않는다. 오히려 돈의 액수가 많아질수록 돈의 가치가 떨어지기도 하는데, 그것은 돈의 가치가 상대적이기 때문이고, 또 돈의 액수와는 무관하게 그 돈을 벌 때 들인 고통 – 노력의 정도에 의해서 결정되기 때문이다.

고통 – 노력을 투자해서 번 돈은 〈고통=돈의 가치〉의 관계가 성립되기 때문에 결코 헛되게 쓰이지 않는다. 자신의 피와 살이 섞인 그 돈을 쓸 때는 적어도 그 돈을 벌 때 들인 고통을 보상받을 수 있는 대상에 쓰게 되고, 고통 – 노력이 심하면 심할수록 그러한 욕구는 강해진다. 하지만 고통 – 노력이 추가되지 않는 돈은 〈고통=돈의 가치〉가 성립되지 않을뿐더러, 그 돈으로부터 보상받고자 하는 욕구도 없기 때문에 당연히 가치 없이 쓰여진다.

돈을 가치 있게 쓰기 위해서는 돈 버는 고통을 체험해야만 한다. 불로소득으로 퇴폐향락에 빠지고, 또 그의 자녀들이 오렌지족이 되는 것은 돈이 많아서가 아니라 돈 버는 고통을 체험하지 않아서 돈의 가치를 전혀 모르기 때문이다.

스스로 피땀 흘려 부자가 된 사람은 아무리 돈이 많아도 절대 가치 없게 쓰지 않는다. 그것은 돈 버는 고통을 뼈저리게 체험했기 때문이고, 그렇게 해서 번 돈을 가치 없게 쓴다는 것은 자신이 희생시킨 고통을 가치 없이 내다 버리는 것이나 다름없다는 것을 너무 잘 알기 때문이다.

자녀들에게 돈을 헤프게 쓰지 말라고 하는 것은 스스로를 잔소리꾼으로 모는 행위밖에는 되지 않는다. 부모들의 그런 충고가 자녀들의 귀에는 몹시 듣기 싫은 잔소리로 들릴 뿐이다. 돈 버는 고통을 체험하지 않은 자녀들로서는 돈의 가치를 모르는 것이 당연하고, 따라서 돈을 헤프게 쓰는 것도 어쩔 수 없는 일이다. 자녀들이 돈을 소중하고 가치 있게 써 주기를 바란다면 잔소리하는 대신에 단 한 번만이라도 돈 버는 고통을 체험하게 해야 한다.

◆　◆　◆

돈의 가치를 인식하려면 그 돈으로 살 수 있는 좋은 물건들을 알 필요는 없고, 그 돈을 버는 고통을 체험해야 한다.

_P. 에리아

248

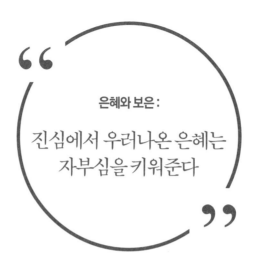

은혜와 보은:

진심에서 우러나온 은혜는 자부심을 키워준다

은혜를 베푼 자가 보은을 바라는 것도 잘못된 일이지만, 은혜를 받은 자가 보은하지 않는 것도 잘못된 일이다.

은혜를 베푼 자는 보답을 바라지 않고, 은혜를 받은 자는 그에 상응하는 보답을 할 때 둘 사이의 인간관계는 가장 아름다운 것이 된다.

세 번 낙선하고 네 번째에 국회의원에 당선된 사람이 있었다. 그가 국회의원에 당선될 수 있었던 것은 유권자들의 진심에서 우러나온 지지가 아니라 동정표 때문이었다.

그런데 그는 당선 직후부터 태도가 돌변했다. 유세 때 눈물을 흘리며 한 표를 부탁했던 태도는 터럭만큼도 찾아볼 수 없었고, 자신이 국회의원에 당선된 것은 지역 주민들의 도움 때문이 아니라 자신이 잘나고 똑똑해서라고 큰소리쳤다.

드디어 꿈에도 그리던 국회의사당에 발을 들여놓는 날이었다. 그는 나이에 걸맞지 않게 두루마기를 걸쳐 입고 노약한 어머니를 국회의사당 앞에 모시고 와서는 "어머니, 제가 이렇게 국회의원이 되었습니다. 기뻐해 주십시오." 하면서 다른 의원들의 구경거리를 만드는 추태를 부렸다.

이러한 행위는 그가 속해 있는 당 지도부의 눈에 띄게 되었고, 모두들 국회의원으로서의 품위를 떨어뜨린 그의 행동에 눈을 찌푸리며 좋지 않게 점찍어 두었다.

그렇게 잘났다고 떠들어 대던 그는 4년의 임기 동안 특별한 의정 활동 한번 제대로 해 보지 못한 채 다음 대(代)의 선거를 맞이하게 되었다.

그런데 그는 현역이기 때문에 당연히 받으리라 생각했던 공천을 받지 못했다. 그러자 그는 당의 공천을 받지 않고 무소속으로 출마해도 지역 주민들이 자신을 찍어 줄 것이라 단단히 믿고 독불장군처럼 출마했다.

그는 자신만만한 태도로 지난번 선거 때처럼 선거운동을 벌이기 시작했다. 하지만 지난번처럼 지원해 주거나 동정해 주는 유권자는 아무도 없었다. 오히려 유권자들은 똘똘 뭉쳐서 그에게 낙선이란 선물을 안겨 주었다.

명백하게 보이는 배은 행위로만 배은이 되는 것은 아니다. 마땅히 보은해야 할 위치에 있으면서도 보은을 하지 않는 것도 배은 행위가 된다.

은혜는 상대적으로 나은 처지에 있는 사람이 그보다 못한 처지에 있는 사람에게 베풀어지는 것이 보통인데, 은혜의 덕분으로 해서 그것이 역으로 뒤바뀌는 경우가 있다. 이때 은혜받은 것을 까맣게 잊고 은혜를 주었던 자에게 무관심한 태도를 보이거나 거만한 태도를 보이게 되면 은혜를 주었던 자는 서운하게 생각하고 배은망덕한 행위로 간주해 버린다.

물론 은혜는 보답을 바라지 않고 행해지는 것이지만, 그것은 어디까지나 상대방이 계속해서 은혜를 베풀어 주는 자보다 못한 처지에 있을 때에 한하며, 상황이 뒤바뀌면 마음은 달라지게 된다는 점을 잊지 말아야 한다.

여기서의 보은은 물질적인 보답만을 의미하는 것은 절대 아니다. 자신이 더 나아진 것은 은혜의 덕분이었다는 것을 스스로 깨달아 항상 감사하는 마음을 간직하고 있으면 족한 것이고, 은혜를 베푼 자도 그 이상은 바라지 않는다.

은혜에는 반드시 어떤 형태이든 보답이 따르는 것이 아름다운 것이 된다. 아무리 좋은 행위-사랑도 일방적인 것보다는 서로가 주고받을 때 인정이 넘치고 아름다운 것처럼, 은혜에도 보답이 뒤따라야 아름다운 것이 된다.

은혜에 대하여 보은은 하지 못할망정 배은망덕한 행위는 하지 않아야 한다.

은혜에 대하여 오히려 배은 행위를 하는 것은 은혜를 베풀어 준 사람에게 뼈아픈 상처를 안겨 주는 것이며, 그것은 은혜를 전혀 베풀지 않은 관계에서보다도 더 나쁜 인간관계가 형성되고 만다.

모든 인간은 여러 번 반복해서 속아줄 만큼 어리석지 않기 때문에 그런 뼈아픈 상처는 가슴 속 깊은 곳에 담아 두고 경계의 지표로 삼는다.

◆　◆　◆

배은망덕한 자의 마음은 사막과 같다. 내리는 비를 싹 쓸어 탐욕스럽게 마셔버리고는 아무것도 만들지 않는다.

_페르시아 격언

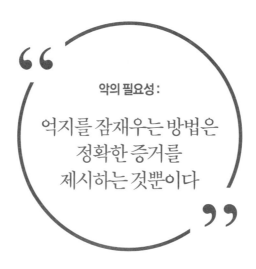

악의 필요성 :

억지를 잠재우는 방법은
정확한 증거를
제시하는 것뿐이다

무조건의 선은 악의 존재를 묵인해 주는 결과를 가져와 결국에는 선이 악에 복종해야 하는 뼈아픈 결과를 가져오고 만다. 따라서 우리는 악을 위한 악이 아니라 선을 존립시키기 위한 더 무서운 악을 가지고 있어야 하며, 어떠한 경우도 악에 의하여 선이 침해받게 해서는 안 된다.

50대 농부가 냉장고 한 대를 사기 위해서 읍내에 있는 대리점으로 갔다.
대리점에 도착한 농부는 큰 냉장고를 고른 다음 대리점 직원에게 10만 원을 주면서 이렇게 부탁했다.

"여보게, 나머지 돈은 집에 가서 줄 테니 완불한 것으로 해서 영수증 좀 끊어 주게."

이 말을 들은 직원은 손님의 나이가 지긋하고, 또 순박한 농부이고 해서 조금의 의심도 없이 냉장고 대금을 완불한 것으로 해서 영수증을 끊어 주었다.

영수증을 끊어 준 직원은 조금도 지체하지 않고 냉장고를 농부의 집까지 싣고 가서 설치해 주었다. 좋은 기분으로 냉장고 설치까지 끝낸 직원은 농부에게 잔금을 요구했다.

그러자 농부는 태연한 표정을 지으며 말했다.

"완불했는데 무슨 돈을 또 주는가? 그 대리점에서는 배달비도 받는가?"

이 말을 들은 직원은 농부가 농담을 하는 줄 알고 웃으면서 다시 말했다.

"10만 원만 내시고 나머지 돈은 집에 오셔서 주신다고 하셨잖아요?"

농부는 화를 버럭 내고 영수증을 내보이면서 쏘아붙였다.

"이 사람아, 무슨 장사를 그렇게 하나? 당신 돈 다 받고 영수증까지 이렇게 써 줘 놓고서는 무슨 소리를 하는 거야!"

너무나 어처구니없는 일을 당한 직원은 진실을 주장하면서 잔금을 요구했지만, 영수증을 흔들며 억지를 쓰는 농부를 도저히 당해낼 도리가 없었다. 직원은 하는 수 없이 경찰의 도움을 받을 수밖에 없었다.

무조건의 억지를 잠재우는 방법은 정확한 증거를 제시하는 방법 밖에는 없다. 차돌맹이 같은 얼음도 불 앞에서는 맥을 못 쓰는 것처럼, 아무리 경우 없는 억지를 쓰는 사람도 증거 앞에서는 꼼짝하지 못하는 법이다.

영수증은 종이쪽지에 불과하지만, 그것이 증명하는 힘은 백 사람의 입에서 나오는 말보다 강하다.

웃어넘길 때는 필요 없던 영수증이 이해가 대립했었을 때는 결정적인 위력을 발휘하기 때문에 돈을 주고받거나 물건을 주고받을 때는 반드시 영수증을 주고받는 습관을 길러 놓아야 한다.

가까운 관계일수록 이러한 일은 더욱더 확실하게 해야 하며, 그렇게 하는 것이 꼬장꼬장한 일 같아도 결국에는 친분 관계를 오래도록 지속시키는 비결이다.

◆ ◆ ◆

정당한 명분 앞에서 무릎을 꿇지 않을 자는 없다.

_소포클레스

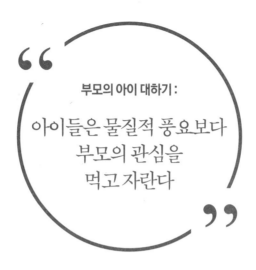

아이들은 물질적 풍요보다 부모의 관심을 먹고 자란다

자녀에게 물질적으로 풍부하게 해 주고 용돈을 많이 준다고 하여 부모의 도리를 다하고 있으며 자녀를 사랑하고 있다고 오해해서는 안 된다. 자녀들은 부모로부터 물질적 풍요보다는 자기에게 관심을 가져주고 따뜻하게 사랑해 주기를 원하고 있다.

옆집에 대학교에 다니는 아들과 고등학교에 다니는 딸을 둔 아주머니가 살고 있다. 아주머니의 자녀들은 예의가 밝아서 주위의 어른들을 보면 공손히 인사를 하고, 나를 보아도 인사를 꼭 한다. 요즈음 청소년들치고는 너무나 착실한 느낌을 받았다.
나는 그 아주머니에게 물어보았다.

"부모님이 자녀들을 어떻게 교육시켰길래 저렇게 예의도 밝고 착하죠?"

그러자 아주머니는 쑥스러운 표정을 지으며 말했다.

"풍부하게 해 주거나 한 적은 없는데 저렇게 성장하고 있어요. 제가 한 가지 해 준 것이 있다면 관심을 가지고 언제나 아이들 곁에 있어 준 것뿐이에요."

가정에서 엄마의 역할은 등대와 같은 것이고, 아빠의 역할은 등대지기와 같은 것이다. 수많은 배들이 등대를 의지하며 떠돌아다니는 것처럼, 자녀들도 엄마 아빠를 의지하며 생활한다. 또 등대가 제 기능을 하지 못하면 배들이 갈 곳을 잃고 표류하듯이, 가정에서 엄마 아빠가 제 기능을 하지 못하면 자녀들이 의지할 곳을 잃고 방황한다.

자녀를 부모의 기대에 어긋나지 않도록 키우는 방법은 늘 관심을 가져 주는 것이다. 햇빛이 비치는 곳을 향하여 뻗어나가는 식물처럼, 관심 가져 주는 이에게 끌려들어 가는 것이 인간의 마음이기 때문이다.

자녀들을 바르게 키우기 위함에 있어서 물질적인 것은 그렇게 중요하지 않다. 발 뻗고 잠잘 수 있고, 배고플 때 제때 먹을 수 있게 해 주면 자녀들은 불평불만 없이 자란다. 자녀가 부모에게 불만스러워하고 아쉬워하는 것은 물질이 부족하기 때문이 아니라 관심이 부족하기 때문이다.

자녀들이 지나칠 정도로 용돈을 요구하거나 물욕을 나타내는 것도 관심이 부족한 것이 원인이고, 부모의 부족한 관심을 돈 쓰는 재미로 해서 메워보려고 하는 몸부림이다.

따라서 자녀가 필요 이상으로 돈을 요구할 때는 부모의 관심이 부족하기 때문이라는 적신호로 받아들여 재빨리 대처하는 슬기로움을 발휘해야 한다.

자녀가 원하는 대로 돈을 주는 것이 부모 노릇을 떳떳이 하는 것이라는 생각은 자칫 큰 실수를 저지르는 결과를 초래할 수 있다. 자녀로부터 몹시 실망하는 고통을 반드시 겪게 될 수 있을 것이므로.

◆ ◆ ◆

어머니란, 어린 자식의 입과 마음에서는 하나님과 같은 이름이다.

_대커리

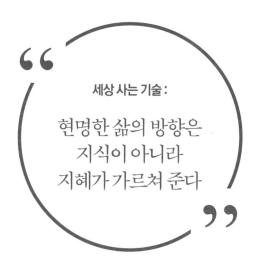

세상 사는 기술 :

현명한 삶의 방향은
지식이 아니라
지혜가 가르쳐 준다

외국어를 모른다고 해서, 대학교를 나오지 못했다고 해서, 가난하다고 해서, 못났다고 해서 문제가 될 것은 없다. 그런 것들과는 상관없이 세상 사는 기술이 없이 마땅히 해야 할 일조차도 하지 못하는 사람이 문제일 뿐이다.

오래전, 어느 가정에 외동딸이 있었다. 그 가정에서는 딸을 아끼고 사랑한다는 명목 아래 부엌일은 고사하고 자기 방 청소조차도 시키지 않고 금이야 옥이야 하면서 애지중지해서 키웠다. 그녀 또한 집안일은 엄마가 하는 것이라고만 생각하고 배우려 하지도 않았다.

부모의 극진한 보살핌 속에서 성장한 그녀는 대학교를 졸업한 후 얼마 지나지 않아 시부모와 함께 살아야 하는 집으로 시집을 가게 되었다.

그녀가 신혼여행을 마치고 돌아온 후 얼마가 지나자 시어머니가 "아가야, 이제부터 식사 준비는 네가 하여라."라면서 살림을 맡겼다. 집안일을 한 번도 해본 적이 없는 그녀는 당장 식사 준비를 해야 하는데 어디서부터 어떻게 해야 할지 눈앞이 캄캄해졌다.

그래서 그녀는 친정엄마에게 전화해 도움을 요청했다. 친정엄마도 눈앞이 캄캄해졌다. 한 번도 살림하는 법을 가르쳐 준 적이 없었기 때문이었고, 그렇다고 자기가 시집간 딸의 집으로 쫓아가서 일일이 해 줄 수도 없는 노릇이었다.

친정엄마는 밥하는 방법부터 말해 주었다. 그리고 반찬은 급한 대로 반찬가게에서 사다가 차리라고 했다. 그녀는 친정엄마가 시키는 대로 하였다.

저녁 식사 시간이 되었다. 사 온 반찬들을 차려 놓고 밥을 푸기 위해 밥솥을 열었다. 그런데 야속하게도 밥이 죽이 되어 있었다. 죽이 된 밥과 식탁 위에 차려져 있는 반찬들을 본 시어머니가 며느리에게 물었다.

"아가야, 밥을 해 본 적이 없느냐?"

그녀는 대답도 제대로 못 하고 자기 방으로 들어와 침대에 엎드렸다. 그리고 자신을 그렇게 키워 준 친정엄마를 처음으로 원망하면서 눈물을 훔쳤다.

신체 불구자만 장애인인 것은 아니다. 신체가 멀쩡하게 생긴 사람이 마땅히 해야 할 일조차도 하지 못하고 쩔쩔매는 것이 더 불쌍한 존재이다. 세상은 학벌로 살아가는 것이 아니라 지혜로 살아가는 것이다. 대학교 나온 사람보다 고등학교 나온 사람이 세상을 더 지혜롭게 살아가는 것도 세상 사는 지혜를 누가 더 많이 터득했느냐의 차이에서 비롯된다.

어머니는 딸에게 삶의 방식, 즉 살림하는 지혜를 가르치는 유일한 스승이다. 딸을 아끼고 사랑한다는 명목을 내세워 딸에게 삶의 방식을 가르치지 않으면 그 비난의 화살은 어머니가 받아야 한다.

딸을 주방에 들어오게 하고 집안일을 하게 하는 것은 딸을 귀하지 않게 여기는 것이 아니라 진정으로 아끼고 사랑하는 것이라는 것을 깨달아야 한다. 딸을 살림도 제대로 못 하는 천덕꾸러기로 만들지 말아야 한다. 딸이 진정으로 행복하게 살아가기를 바란다면 당장 살림의 지혜를 가르쳐야 한다.

◆ ◆ ◆

사람들은 자기 딸들을 찬장의 장식처럼 길러 놓고는 그들의 언행이 경솔하다고 불평한다.

_러스킨

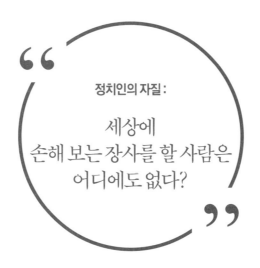

정치인의 자질 :

세상에
손해 보는 장사를 할 사람은
어디에도 없다?

나 아니면 안 된다고 자만하는 정치인들, 자신의 정권욕을 채우기 위해서는 수단과 방법을 가리지 않는 정치인들, 국민을 팔아먹으면서까지 권좌를 지키려는 정치인들이 있기 때문에 정치가 제대로 되지 않는다.

국회의원 선거 때의 일이다. 어느 지역에 7명의 후보자가 나와서 각종 공약을 내놓고 선거운동을 벌이기 시작했다. 너나없이 거리 유세를 통하여 자신만이 국민을 대표할 수 있고, 자신만이 국민을 위해서 일할 수 있다고 외쳐대며 서로들 자신을 지지해 달라고 호소했다. 시장통이나 골목길을 헤집고 다니면서 지나가는 사람이 유권자로 보이면 머리를 숙이고 손을 덥석 잡아 주며 한 표를 부탁했다. 특히 양로원을 찾아가 큰절을 올리면서 한 표를 부탁하는 것도 빼놓을 수 없는 코스였다.

그 지역에는 양로원과 더불어 보육원도 몇 군데 있었지만, 양로원에는 신발이 닳아빠지도록 찾아가면서 보육원을 찾아가서 공약하거나 따뜻한 말 한마디 해 주는 후보는 아무도 없었다. 사탕발림 공약이라도 보육원에 관한 공약 한두 개라도 있을 법한데 그런 공약은 한 가지도 없었다. 후보자들이 이처럼 보육원을 외면한 것은 그들에게는 양로원의 어르신들과는 달리 선거권이 없다는 이유 하나 때문이리라.

선거 때 후보자들의 반질반질한 손은 연탄 장수의 손보다도 더 더러워진다. 지나가던 연탄 장수의 손도 덥석 잡아 주고, 생선 비린내 나는 손도 덥석 잡아 주고, 흙이 뒤범벅된 채소 장수의 손도 마다하지 않고 덥석 잡아 준다. 그리고 자신이 그러한 행동을 하는 것은 오로지 국민을 위해서라고 한다.

그러나 유권자를 위한 정치인은 있어도 국민을 위한 정치인은 없다. 국민을 위해서 정치를 하겠노라고 목이 쉬도록 외쳐대면서도 유권자가 아니면 손길도 눈길도 주지 않는 후보자가 과연 국민을 위한다고 말할 수 있겠는가?

국민 속에는 유권자만 포함하고 있는 것이 아니다. 선거권이 없는 어린아이도 철창 속에 갇혀있는 죄수도 당연히 관심받아야 할 국민이며, 따라서 이런 사람들을 외면하는 후보자는 국민의 대표가 될 자격이 없다.

선거에는 가늠할 수 없는 돈이 들어간다. 선거 때 돈 쓰는 후보는 국민을 위해서 일할 사람이 아니라 자기 자신을 위해서 정치인이 되려고 하는 사람이다. 돈을 쓰고 당선된 사람은 본전을 뽑기 위해서 노력해야 하고, 그러다 보면 국민을 외면해야 하는 것은 당연한 일이다. 정치인들의 부정부패도 선거 때 뿌린 돈에 대해 본전 생각이 나서 저질러지는 당연한 귀결이다. 세상에 손해 보는 장사를 할 사람이 어디 있겠는가?

◆　◆　◆

정치인은 어디서나 다 같다. 그들은 강이 없는 곳에도 다리를 건설해 주겠다고 약속을 한다.

_N. 흐루시초프

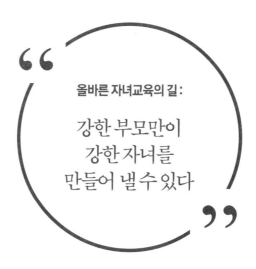

올바른 자녀교육의 길:

강한 부모만이
강한 자녀를
만들어 낼 수 있다

부모가 자녀에게 해 주어야 할 일은 능력과 정신력을 알차게 키워 주는 것이다. 세상은 어차피 스스로 능력과 정신력으로 헤쳐나가야 하는 것이기 때문에, 자녀에게 시녀 노릇을 해서 능력과 정신력을 무력화시키는 것은 남들의 비웃음거리가 되게 하는 죄를 짓는 것이 된다.

아들의 만들기 숙제를 해 주는 손재주 좋은 아버지가 있었다. 그는 언제나 아들은 게임을 하거나 TV를 보게 내버려 두고 자신이 손수 만들기 숙제를 해서 보냈다. 아들은 아버지가 해 준 만들기 숙제를 가져가서 선생님으로부터 잘 만들었다는 칭찬과 함께 상도 받아왔다.

자신이 만들어 준 결과물을 가지고 가서 칭찬도 듣고 상도 받아오는 아들이 기특하기만 하여, 그는 모든 만들기 숙제를 도맡아서 해 줬다.

그러다 보니 그의 아들은 간단한 만들기조차도 하지 못했고, 아들 또한 만들기 숙제는 당연히 아버지가 해 주는 것으로 믿고 스스로 만들려고 노력하지도 않았다. 그의 아들이 하는 일은 만들어 놓은 것을 학교로 갖다 나르는 일뿐이었다.

이렇게 지극한 아버지의 보살핌 속에서 자란 아들이 성장하여 장가를 갔다. 그는 조그마한 집을 사서 아들 부부를 분가시켜 놓았는데, 못 하나도 박지 못하는 아들은 조그만 문제만 생겨도 무조건 아버지에게 전화해서 해결해 달라고 부탁했다. 그래서 그는 시도 때도 없이 아들이 사는 집까지 찾아가 일을 처리해 주어야만 했다. 그때마다 며느리의 눈치를 살피기에 급급했다.

뽕잎을 먹여 키워 놓은 누에가 스스로 집을 짓지 못하면 아무 소용이 없는 것처럼, 정성을 다해서 키워 놓은 자녀가 스스로 세상을 살아나가지 못한다면 불행한 일이다.

부모는 자녀의 교육자이지 뒷바라지만 하는 존재가 아니다. 자녀에게 마치 하인 노릇을 하면서 키울 때는 퍽이나 사랑을 쏟아서 키우는 것같이 생각될지도 모르겠지만, 먼 장래를 생각해 보면 자녀를 사회의 부적응자로 만들고 있는 것밖에는 되지 않는다.

그렇게 키운 자녀는 부모가 뒷바라지를 해 주면 그럭저럭 생을 이어갈 수 있지만, 그렇지 않으면 스스로 헤쳐나갈 능력과 정신력이 없어서 좌절해 버리고 만다. 그런데 이보다 더 불행한 일은 부모가 자녀의 생명이 다하는 날까지 함께 있으면서 그렇게 해 줄 수가 없다는 사실이다.

강한 자녀를 만들기 위해서는 부모 자신부터 강해져야 한다. 강한 교관이 강한 병사를 만들어 내는 것처럼, 강한 부모만이 강한 자녀를 만들어 낼 수 있다. 부모로서 내가 도와주지 않으면 내 자녀는 스스로 헤쳐나갈 수 없다는 극도로 나약한 정신력은 나약한 자녀를 만들기에 안성맞춤이다.

사자가 밀림의 왕으로 다른 동물들 위에 군림하고 있는 것은 결코 우연이 아니다. 그것은 몸뚱이가 특출나게 크기 때문이 아니라 새끼를 낳으면, 혹독한 훈련을 시키며 키우기 때문임을 깨달아야 한다.

자녀교육은 현실에 얽매여 근시안적인 안목에서 시키지 말고 먼 장래를 내다보고 시켜야 한다. 자녀의 장래를 생각해서 꼭 필요하다고 생각되면 회초리 - 사랑의 매를 드는 아픔도 감수해야만 한다. 그렇게 하는 것이 지금 당장은 가슴 아픈 일이겠지만, 장래에 가서는 가장 사랑한 행동이 된다. 매를 들지 않아서 사회의 부적응자가 되느니보다 매를 들어서 떳떳한 사회인이 된다면 이보다 더 기쁜 일이 어디 있겠는가?

부모들은 자녀를 사랑한다는 구실을 내세워 자녀의 삶을 빼앗지 말아야 한다.

부모에게 삶이 있는 것처럼 자녀에게도 그들의 삶이 있는 법이다. 따라서 자녀에게도 삶의 맛을 느낄 수 있도록 삶의 거리를 남겨 두어야 한다.

부모가 대신해 줘서 자녀를 TV나 보는 존재로 만들어 놓는 것은 자녀를 사랑하는 것이 아니라 낙오하게 하는 것이다. 삶의 맛은 눈으로 보는 데 있는 것이 아니라 몸소 체험하는 데 있음을 잊어서는 안 될 것이다.

◆ ◆ ◆

아이들에게 아무 일도 가르치지 않으며, 또 시키지도 않음은 그 아이로 하여금 장래에 약탈하는 길밖에 남겨 주지 않음과 다름없다.

_탈무드

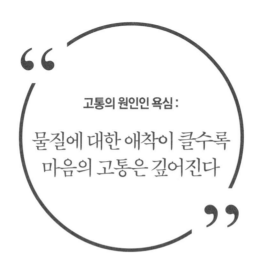

고통의 원인인 욕심 :

물질에 대한 애착이 클수록
마음의 고통은 깊어진다

모든 고통은 외부로부터 오는 것이 아니라 자신의 뜻대로 하고자
하는 지나친 욕심으로부터 온다. 따라서 고통으로부터 벗어나기 위
해서는 세상을 탓할 필요는 없고 자신을 공연히 들볶고 있는 욕심을
줄이면 된다.

술만 한잔 마시면 복권을 사서 들어오는 남편이 있었다. 그런데
그는 복권을 사 오기만 할 뿐 제날짜에 맞춰보지 않고 여기저기
버려두었다. 아내는 여기저기 뒹굴어 다니는 복권이 너저분해서
모두 주워 모아 쓰레기통에 넣어 버렸다. 복권을 쓰레기통에 넣고
뒤돌아서던 아내는 혹시 그중에 당첨된 복권이 있을지도 모른다

는 생각이 번쩍 들어 복권을 다시 꺼냈다.

아내는 쓰레기통에서 꺼낸 복권을 허탕 치는 셈 치고 복권 판매소로 가지고 갔다. 그랬더니 그중에 5천원에 당첨된 복권이 석 장이나 있었다. 당첨된 복권을 이번에는 즉석식 복권으로 바꿔 가지고 왔다.

아내는 별로 기대하지도 않은 채 동전으로 복권을 긁기 시작했다. 그렇지만 마지막 한 장을 남겨 둘 때까지 복권은 하나도 당첨되지 않았다. '그러면 그렇지, 내 주제에 무슨 행운이 따르려고' 하면서 마지막 복권을 긁기 시작했다. 5백만원이라는 글씨가 두 개 보였다. 하나만 더 보이면 5백만원에 당첨될 수 있었다. 혹시나 하는 마음으로 마지막 칸을 긁었는데, 그것도 역시 5백만원이라는 글씨였다. 아내는 당첨되지 않은 것보다 오히려 당첨된 것이 이상한 듯 복권을 보고 또 보고 확인하였다. 틀림없이 5백만원이라는 글씨가 세 개 있었다.

아내는 잠을 설친 뒤 다음 날 설레는 마음으로 당첨금을 받기 위해서 은행으로 갔다. 창구 직원에게 당첨된 복권을 내밀자 직원이 물었다.

"저는 아무리 사서 긁어도 안 맞던데, 아주머니는 어떻게 해서 당첨되었나요? 어젯밤에 무슨 꿈을 꾸셨나요?"

아내가 대답했다.

"저는 아무런 꿈도 꾸지 않았고, 아무런 욕심도 내지 않았어요. 이 당첨금은 쓰레기통에서 건진 것이랍니다."

모든 고통에서 해방되기 위해서는 우리의 마음이 물질에 대한 애착을 느끼지 못하도록 해야 한다. 물욕은 꼬리에 꼬리를 물고 나타나기 때문에 물욕에 집착할수록 고통은 더해만 간다.

얼핏 보기에는 욕심을 부릴 때 더 많이 얻을 것 같지만, 결국에는 욕심을 버리고 마음을 비움으로써 가장 많이 얻을 수 있다. 욕심을 버리면 만족할 수 있고, 만족하면 오히려 마음은 가득 차기 때문이다.

많이 얻는다는 것은 한마디로 말해서 만족한다는 뜻이다. 많이 가지고서도 만족하지 못하면 가지지 않은 것과 다름없고, 조금만 가지고서도 그것에 만족하면 많이 가진 것과 다름없다. 결국 많이 얻느냐 적게 얻느냐는 물질적인 것의 다소(多少)가 아니라 마음이 차느냐 – 만족하느냐, 차지 않느냐 – 만족하지 않느냐는 마음의 상태에 있다.

◆　◆　◆

인생에서 많은 고통을 면하는 최상의 방법은 자기의 이익을 아주 적게 생각하는 일이다.

_쥬베르

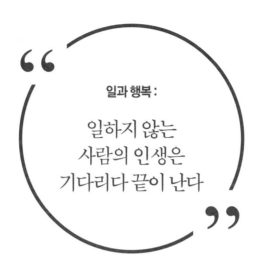

　생활이 만족스럽지 못하거든, 세상 사는 재미가 없거든, 행복하지 않거든 일을 하라. 그 모든 원인은 일을 하지 않았기 때문이며, 일을 함으로써 그러한 불만은 감쪽같이 사라질 것이다. 일 자체가 즐거움이요, 보람이요, 행복이니까.

　깊은 산골에 아버지와 게으름뱅이 아들이 살고 있었다.
　어느 추운 겨울날, 배부르게 저녁을 먹고 난 아들이 아버지에게 물었다.
　"아버지, 이 세상에서 가장 쉬운 일이 뭐예요?"
　아버지가 대답했다.

"사람들이 그러는데, 누워서 떡 먹기라고 하더라."

이 말을 들은 아들은 다음 날 떡을 갖다 놓고 아버지가 말한 대로 누워서 먹었다. 그러나 누워서 떡 먹기는 그렇게 쉽지 않았고, 앉아서 먹는 것만도 못하였다.

그러자 아들은 아버지에게 다시 물었다.

"아버지, 누워서 떡 먹기보다 더 쉬운 일이 없을까요?"

아버지가 한참을 생각한 후에 대답해 주었다.

"아마도 누워서 자는 것일 게다."

이 말을 들은 아들은 낮이나 밤이나 누워 지냈다. 편하기는 했지만, 도대체 즐겁지가 않았고, 열흘쯤 지나니까 지루하고 따분해서 도저히 견딜 수가 없었다.

그래서 아들은 또 아버지에게 물었다.

"아버지, 누워있는 것보다 좀더 재미있는 일이 없을까요?"

이 물음에 아버지는 아들에게 타이르듯이 말했다.

"그럼, 나를 한 번만 따라와 보아라."

일하는 것은 고사하고 움직이기조차도 싫어하는 아들이 그 말을 듣고 쉽게 따라나설 리는 없었다. 그러나 하루하루가 워낙 따분하고 지루하였던 터라 아들은 혹시나 하는 생각에 아버지를 따라나섰다.

아버지는 산으로 올라가면서 먼저 더덕을 캐기 시작했다. 땅속에서 더덕을 캐내는 아버지를 바라보고 있던 아들은 신기한 듯 자신도 더덕을 캐기 시작했다. 이윽고 아들은 팔뚝만 한 더덕을 하나

캐내고는 싱글벙글 웃으며 즐거워했다.

한참 동안 더덕을 캔 아버지는 토끼 올가미를 놓았던 장소에 가보았다. 토끼가 올가미에 걸려 있었다. 올가미에 걸린 토끼를 본 아들은 즐거운 듯 껑충껑충 뛰었다.

아들은 아버지로부터 토끼 올가미 놓는 법을 배워 올가미를 다시 놓고 내려왔다.

산을 내려오다가 아버지는 냇가에 가서 개구리를 잡기 시작했다. 돌을 들출 때마다 큼직한 개구리들이 엉금엉금 기어 나왔다. 아들은 정신이 팔린 채 그 개구리들을 자루에 담느라 정신이 없었다. 정신없이 개구리를 잡은 아들은 점심을 먹기 위해서 집으로 내려왔다.

점심을 먹고 난 아버지가 집을 나서면서 아들에게 말했다.

"너는 집에서 잠이나 자고 있어라."

그러자 아들은 아버지를 가로막으며 말했다.

"아버지는 나빠요. 그렇게 재미있는 일을 아버지 혼자서만 하려고 하니까요. 저도 따라갈래요."

그러면서 아들은 아버지보다 앞서 집을 나섰다.

몸이 편하면 얻는 것은 그만큼 적어지고, 얻는 것이 적으면 보람과 만족도 그만큼 적어지며, 보람과 만족이 없으면 행복도 그만큼 느낄 수 없다. 하지만 몸을 움직여 일을 하면 얻는 것은 그만큼 많아지고, 얻는 것이 많으면 그것에 보람과 만족을 느낄 수 있으며, 보람과 만족이 있으면 행복은 저절로 굴러들어온다. 여기서 우리는 우리가 그토록 바라는 '행복'이 몸을 움직여 일하는 것으로부터 나온다는 것을 깨달을 수 있다.

일은 우리의 삶에 있어서 약방의 감초와 같은 것으로서 모든 만족과 행복의 근원이 된다.

힘은 좀 들어도 끊임없이 일을 만들고, 그 일을 해결해 나가는 과정에서 성취감도 느껴보고 때로는 좌절감에 젖어보기도 하는 것이 의미있는 삶이고 행복한 삶이다. 따라서 우리는 현재에 안주하기보다는 어떤 일이든 찾아내서 늘 새롭고 신선한 삶을 살기 위해서 노력해야 한다.

◆　◆　◆

일하는 것이 인생이다. 일하는 사람의 마음에서는 힘이 솟아 나온다. 또한 일하는 사람의 마음에서는 생활력이 솟아 나온다.

_ 칼라일

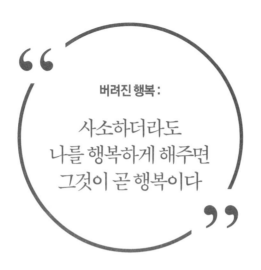

버려진 행복 :

사소하더라도
나를 행복하게 해주면
그것이 곧 행복이다

남이 차고 있는 행복 주머니를 훔치기 위해서 노력하는 대신에 자신이 차고 있는 행복 주머니를 도둑맞지 말아야 한다. 내가 보기엔 초라할지라도 남에게는 부러움을 사는 행복의 주머니니까.

쉰 살이 되도록 독신으로 사는 돈 많은 남자가 있었다. 그의 집은 화려하기 이를 데 없었지만, 그는 자신의 삶에서 행복을 느끼지 못하고 외롭게 살아가고 있었다. 그래서 외로움을 조금이나마 달래보려고 남아도는 빈방에 세를 들이기로 마음먹고 어느 신혼부부를 집으로 들어와서 살게 하였다.

세 들어온 신혼부부는 '이렇게 화려하게 꾸며 놓고 사는 저 남자

는 얼마나 행복할까?'하고 독신 남자를 늘 부러워했고, 독신 남자
는 '저들은 알콩달콩 얼마나 행복할까?'하고 신혼부부를 부러워
하면서 생활했다. 그러던 어느 날 신혼부부의 방에서 한숨 소리와
함께 신세타령이 흘러나왔다.

"우리는 언제 이런 집에서 저렇게 꾸며 놓고 살아보지? 이 집 주
인은 세상 부러울 것 없이 행복할 거야."

그 소리를 듣고 있던 그는 코웃음을 치면서 중얼거렸다.

"저런 바보들, 자신들이 지금 얼마나 행복한 줄을 모르는군."

우리의 관심은 자기 자신에게로 향하여져 있는 것이 아니라 온통
타인에게 향해져 있다. 자신의 처지와는 상관없이 타인과 처지를 바
꿔 놓아야 직성이 풀리고, 행복 주머니와 불행 주머니를 바꾸지 못
해서 안절부절못하고 있다. 우리가 가진 행복을 타인의 불행과 바꿈
으로써 내다 버리는 어리석음을 범하지 말라. 우리가 그토록 부러워
하는 타인들의 행복은 그들의 입장에서 보면 내팽개쳐진 불행에 불
과하다. 그러니 남의 행복 주머니를 탐내지 말고 내가 가지고 있는
행복 주머니를 놓치지 않기 위해 노력해야 한다.

◆　◆　◆

행복에 있어서 가장 큰 장애물은 너무 행복을 기대하는 마음이다.

_폰트렐스

생존의 경쟁:

생존의 경쟁은
자신의 배제를 극복해내려는
본능의 행위다

타인을 배제하지 않으면 자신이 먼저 희생되어야 하는 생존의 경쟁은 그 어떤 경쟁보다도 치열하다. 총부리를 겨누는 싸움은 휴전도 평화도 있지만, 생사를 눈앞에 두고 벌이는 싸움은 생존이 계속되는 한 멈추지 않는다.

교양 한국사를 맡은 대학 강사가 있었다. 그는 첫 강의가 있던 날 한 학기 동안의 강의 계획에 대해 말해 주었다.

"저의 강의는 주로 '한국사 연구입문'에 의거해서 하고, 시험문제도 그 책을 중심으로 해서 내겠습니다. 그런데 그 책은 이미 절판되어 서점에서는 구할 수 없으니 도서관에 가서 서로 빌려 보기

바랍니다."

이 말을 들은 학생들은 술렁이기 시작했고, 강의 시간이 끝나기도 전에 한 명씩 빠져나갔다. 다른 학생들도 그 책이 대출되지 않기를 기대하면서 강의 끝나기만을 손꼽아 기다렸다.

강의가 끝나자 많은 학생이 총총걸음으로 도서관으로 향했다. 도서관에 도착한 학생들은 자신이 먼저 대출받기 위해 앞다투어 대출 신청을 했다. 그러나 그 책은 이미 대출되고 없었다. 대출된 책이 반납되던 날 학생들이 다시 대출 신청을 해보았지만 대출된 책은 반납되지 않았고, 그 책은 시험이 끝날 때까지 반납되지 않았다. 눈치 빠른 학생들은 타 대학의 도서관에서 빌려다 보았으나 어느 누구도 책을 돌려서 보는 일은 없었다.

강사가 말했던 책을 빌려 보지 못한 많은 학생들은 몇몇 학생들의 이기적인 행동 때문에 한 학기 동안 시험 공포에 떨어야 했다.

생존의 경쟁은 이렇게 치열한 것이다. 다른 학생들이야 불안에 떨든 말든 자신만 높은 점수를 받으려고 하는 몇몇 학생들의 행동처럼 생존의 경쟁은 치열하다 못해 비열하기까지 한 것이다. 그렇기 때문에 생존의 경쟁 속에서 이성적인 행동을 기대한다는 것은 있을 수 없는 일이다. 자신이 존재하기 위한 조건이 상대방이 존재하지 않아야 하는 것이라면 그 경쟁에서 이기기 위해 하는 모든 행동은 본능에 가까운 행위이기 때문이다.

이기주의와 생존의 경쟁은 구분할 줄 알아야 한다. 이기주의는 생존과는 상관없이 남보다 더 잘살고 더 앞서기 위한 이기적인 행위지만, 생존의 경쟁은 타인을 배제시키지 않으면 자신이 배제될 수밖에 없는 상황에서 그것을 극복해내려는 본능의 행위이다. 따라서 우리는 이기주의는 철저히 배척하되 생존의 경쟁에 대해서는 숨통을 터주는 미덕을 발휘할 줄 알아야 한다.

생존의 경쟁 관계에 있는 사람에게 무조건 양보를 하라거나 희생을 하라거나 하는 것은 목숨을 내놓으라는 말이나 다름없는 엄청난 실언이다.

◆ ◆ ◆

떠밀고 떠밀리면서 살지 않는 사람은 없다. 어디를 가든지 사람은 공격을 주고받으며 팔꿈치로 세상을 헤치고 나가야 한다.

_T. 칼라일

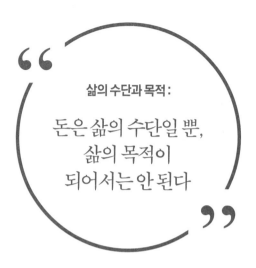

삶의 수단과 목적:

**돈은 삶의 수단일 뿐,
삶의 목적이
되어서는 안 된다**

돈을 위해 삶을 희생시키지 말고 삶을 위해 돈을 희생시키도록 해야 한다.

돈은 우리 삶을 유지시켜 주는 수단일 뿐 목적이 아니다. 돈을 너무 중요시한 나머지 온 인생을 돈 벌기에만 바치는 것은 수단에 의해서 목적 – 삶이 희생되는 기막힌 결과를 가져온다.

어느 고등학교에서 경치가 빼어난 계곡으로 가을 소풍을 가게 되었다. 기암괴석과 맑은 물, 온 산을 울긋불긋하게 물들여 놓은 단풍은 천하의 일품이었다. 늘 학교에서만 갇혀 지냈던 학생들은 자신들의 세계를 만나기라도 한 듯 마음껏 놀았다. 점심때가 되어서는 집에서 어머니들이 정성껏 마련해 준 도시락과 과일, 음료수 등 푸짐한 먹거리로 배를 채웠다.

점심 식사 후 학급별 오락 시간까지 마친 학생들에게 보물 찾는 시간이 되었다. 그때 선생님이 말했다.

"여러분, 이 주위에 보물을 숨겨 놓았습니다. 보물을 찾아오면 상품으로 노트 한 권씩 주겠습니다."

이 말이 떨어지기가 무섭게 학생들은 보물을 찾기 위해서 우르르 몰려갔다. 남보다 한 장의 보물이라도 더 찾기 위해서 보물을 숨겨두었을 만한 곳을 기웃거렸다.

모든 학생이 30여 분 동안 찾아 헤맸지만, 보물은 하나도 발견되지 않았다. 실망한 표정을 지으며 여기저기 기웃거리고 있을 때 선생님의 모이라는 호루라기 소리가 들렸다. 호루라기 소리를 듣고 모인 학생들에게 선생님이 물었다.

"자, 보물을 찾은 학생이 있으면 나와 보세요."

그러나 보물을 찾은 학생은 한 명도 없었다. 선생님은 학생들에게 다시 물었다.

"그럼 아름다운 경치를 감상해본 학생이 있으면 나와 보세요."

역시 학생들은 묵묵부답이었다.

그러자 선생님은 학생들에게 훈계하기 시작했다.

"나는 보물을 숨겨 놓은 적이 없습니다. 고운 단풍과 기암괴석이 어우러진 이 아름다운 경치가 바로 보물인데 굳이 보물을 숨겨 놓을 필요가 있겠습니까? 우리는 보잘것없는 물질들에 구속이 되어 중요한 보물들을 잊은 채 살아가고 있습니다. 1년에 단 두 번 오는 소풍인데 진정한 보물은 버려두고 공책이나 몇 권 받아 가기 위해서 설쳐댄다면 이 얼마나 추한 모습입니까? 자, 다시 가서 자연의 보물을 마음껏 담아 가지고 오기 바랍니다."

우리들의 모습도 보물에 눈이 어두워 그것만 찾으려는 학생들과 다를 것이 없다. 악착같이 벌어서 창고에 남보다 더 많이 쌓아 놓기만 하면 그것이 성공이고 행복이라는 악습에 젖어 사는 것이 우리 본모습인 것이다. 그래서 우리는 우리들이 살아가는 데 진정으로 필요한 사랑, 정, 행복, 따뜻한 마음씨, 건강, 우정 등을 물질적인 것의 뒷전으로 밀어 놓는다. 막상 이런 것들이 없어지면 하루도 사람답게 살지 못하면서 오로지 물질적인 것들에만 집착하고 매달린다.

우리가 세상에 태어난 것은 돈 버는 기계가 되기 위해서가 아니라 살기 위해서이다. 단 한 시간이라도 의미있는 삶을 살기 위해서 우리는 태어난 것이다.

돈이 없으면 삶을 유지시킬 수 없는 것은 두말할 필요도 없지만, 돈은 어디까지나 수단에 불과하다는 것과 그것이 지나치면 삶을 희생시키는 결과를 가져온다는 것을 깨달아야 한다.

수단이 아무리 중요해도 목적 - 삶까지 배제시킬 수는 없다. 삶이 고달파지고 회의가 느껴지는 것은 바로 수단 - 돈에 의해 목적 - 삶이 희생되기 때문이다.

돈을 삶의 수단으로 생각하는 것은 매우 바람직한 일이다. 돈을 삶의 수단으로 생각하게 되면 자신에게 필요한 만큼의 돈만을 벌게 되지만, 돈을 삶의 목적으로 생각하게 되면 온 인생을 돈 벌기에만 바쳐 버린다.

돈으로부터 해방되기 위해서는 무엇보다도 물질적인 것에 의해서 빈부(貧富)를 따지고, 성패(成敗)를 따지는 그릇된 고정관념부터 버려야 한다. 좋은 집, 좋은 자동차, 좋은 학벌이 곧바로 성공이고 행복이라는 그릇된 고정관념을 버려야 비로소 돈으로부터 해방될 수 있는 것이다.

◆ ◆ ◆

돈에 대한 알맞은 탐닉은 삶에 가치를 더하지만, 너무 지나치게 탐닉하면 삶을 비참하게 만들어 놓는다.

_C. 데이

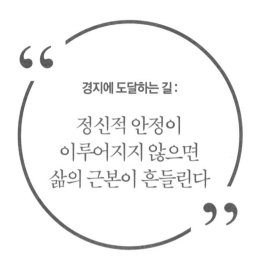

경지에 도달하는 길:

정신적 안정이
이루어지지 않으면
삶의 근본이 흔들린다

인간이 도달할 수 있는 최고의 경지는 마음 편한 것이며, 처지와는 상관없이 마음이 편해야 불만 없이 살아간다. 그렇기 때문에 속 끓는 쇠고깃국보다 마음 편한 나물국을 택하고, 속 끓는 호화궁전보다 마음 편한 초가집을 택하며, 속 끓는 부자보다 마음 편한 가난을 택하는 것이다.

가난한 농부의 아들이 있었다. 그의 집은 농토가 별로 없었기 때문에 남의 품이나 팔면서 살아가야 했다. 그런 삶에 희망을 걸 수 없다는 것을 깨달은 그는 부모님께 비장한 결심을 털어놓았다.

"제가 성공해서 모시러 올 때까지 부디 몸 건강히 계십시오."

이렇게 해서 맨주먹으로 서울로 온 그는 좋은 일 궂은일 가리지 않고 일해서 돈을 벌었다. 이렇게 열심히 일한 결과 그는 서울에 온 지 10년 만에 아파트도 사고 결혼도 하고 남부럽지 않게 살게 되었다. 그러자 그는 자신이 고향을 떠날 때 했던 약속을 지키기 위해 부모님을 서울로 모셔왔다.

시골에서 불편한 가운데 살았던 부모님은 현대식으로 꾸며진 아들 집에서 아무런 불편 없이 생활했다. 하지만 그것도 잠시뿐, 서울에 올라온 지 한 달이 지나자 몸살이 나기 시작했다. 새장에 갇힌 새처럼 종일 집 안에 갇혀서 며느리가 해 주는 밥만 편히 먹고 지내는 것이 시골에서 마음껏 행동하며 살았던 당신들에게는 생지옥이나 다름없었다. 참다못한 아버지가 아들을 불러 놓고 조용히 말을 건넸다.

"아들아, 너의 효성이 지극한 것은 잘 안다만 우리는 평생을 시골에서 살아왔기 때문에 도시 생활이 너무나 따분하고 무료해서 견딜 수가 없구나. 여기서 호강 받으며 불편하게 사는 것보다 시골에 내려가서 마음 편하게 사는 것이 좋겠다. 우리는 시골로 내려가서 마음 편하게 살다가 죽을 테니, 우리 걱정은 하지 말고 너희들끼리 행복하게 살도록 하여라."

마음이 편하지 않으면 하루도 견디지 못하고 뛰쳐나오는 것이 인간의 마음이다. 물질적인 불만족에 대해서는 능히 견뎌내면서 마음의 불편함에 대해서는 견뎌내지 못하는 것이다. 생활의 안정을 이루는 데는 물질적인 뒷받침도 중요하지만, 정신적인 안정도 매우 중요하다. 정신적인 안정이 이루어지지 않으면 삶의 근본이 흔들리고 물질적인 것과는 관계없이 파탄에 이르고 만다. 이는 가난한 가정에서도 가정파탄이 일어나지만 부유한 가정에서도 그에 못지않게 가정파탄이 일어나고 있다는 현실이 증명해 준다.

모든 인간관계에서 일어나는 마찰도 마음이 불편한 데서 시작된다. 마음이 불편할 때 그것을 해소하기 위해서 부부가 인연을 끊는 고통도, 사랑하는 사람과 이별하는 고통도 감수해내는 것이다. 악연(惡緣)이란 바로 마음의 안정을 가져다주지 못하는 인간관계를 뜻하며, 악연을 끊으려고 하는 것은 마음의 안정을 찾고 싶은 강한 욕구에서 비롯된다. 인간에게 있어 가장 좋은 대접은 물질적인 만족이 아니라 마음의 안정을 이루도록 해 주는 것이다. 분에 넘친 물질적인 대접보다는 마음의 안정과 평안을 누릴 수 있도록 대접하는 것이 인간에게 어울리는 대접이다.

◆　◆　◆

마음이 편안하면 초가집도 안온하고, 성정이 안정되면 나물국도 향기롭다.

_명심보감

잘 사는 사람들의
남다른 생각

초판 1쇄 인쇄 2020년 11월 16일
초판 1쇄 발행 2020년 11월 20일

지은이 | 이태선
펴낸이 | 이태선
펴낸곳 | 창작시대사
주　　소 | 경기 고양시 덕양구 행주로83번길 51-11 (행주내동)
전　　화 | 031-978-5355
팩　　스 | 031-973-5385
이메일 | changzak@naver.com
등록번호 | 제2-1150호 (1991년 4월 9일)

ISBN 978-89-7447-235-1　　03190